「基督教共助会100周年記念」戦前版『共助』誌選集

恐れるな、小さき群れよ

——基督教共助会の先達たちと森　明

基督教共助会出版部［編］

YOBEL,Inc.

凡例

1　所論は、出来る限り原文のまま収録した。ただし、①漢字の旧字体は、個人名などに使われている場合を除き新字体に改め、②明らかに誤字誤植は訂正し、③句読点等が必要と思われる場合は補うことを原則とした。さらに、④送り仮名は現代送り仮名の付け方に直し、⑤仮名遣いは現代仮名遣いに改めた。

2　聖書引用箇所は、文語訳『舊新約聖書』（日本聖書協会1972年版に準拠）にある通りにした。

3　聖書引用箇所や他の文書を引用した箇所は、原版では改行などの特別の扱いのない箇所でも、改行の上、頭をさげて組んだ。

4　不快語等については、［ママ］とのルビを付し、原文のまま収録した。

5　難読語と思われるところにはルビをふった。

6　現在ではあまり使用されていない言葉には、括弧で説明を加えた。

7　繰り返し（ヽ、ゞ、々、長い「〱」）の表記の場所は、すべてその文字を繰り返す表記にした。

8　文中の『森明著作集』『著作集』の頁表記は、本書においては［第二版］の頁表記に統一されています。

刊行にあたって

「恐れるな、小さい群れよ、御国を下さることは、あなたがたの父のみこころなのである。」

（ルカによる福音書第12章32節・1955年改訳）


信州美ヶ原三城《さんじろ》ロッジの中庭を散策しながら、「共助会とはどういう団体なのですか」と奥田成孝に問うた私に、先生のそれまでの穏やかな表情が引き締まり、前を見つめながら一言、「君、それは、共助会に賭けて生きなければ分からないよ」と答えられた場面を忘れることが出来ない。初めて共助会の夏期信仰修養会に参加した翌年のことであった。それから半世紀の時が経った。共助会に賭けて生きるとは、キリストの十字架の前に独り立ちつつ、志を同じくする信仰の友の友情に励まされ、支えられながら、神によって与えられた御業に与ることである。

志とは、共助会規約に定められているように、「キリストのためにこの時代と世界とに対してキリストを紹介し、キリストにおける交わりの成立を希求し、キリストにあって共同の戦いにはげむこと」である。教会を超え、教派を超え、プロテスタント・カトリックの違いを超えた伝道団体、それが共助会である。

先に創立90年を迎えた私たちは、4冊の書物を刊行した。『沈黙の静けさの中で』（2010）・『永遠の現実を見つめて』（2010）・『基督教共助会九十年 ―― その歩みに想う』（2012）・『基督教共助会九十年 ―― 資料編』（2015）である。そして100年を迎えた今回、アジア・太平洋戦争の戦前・戦時下を生きた先達ら10名を選び、本書を刊行することになった。森 明の直弟子たちの共助会に賭けて生きた信仰の消息を知るためである。

前書きにも記されているように、先達たちが記した文章から知らされるのは、森 明がいかにキリストを愛し、またキリストに愛されたか、そして森と出会った彼ら一人ひとりが、どれほど森との間でキリストに在る信実の交わりに生きたか、である。

本書は、単に森や先達らの足跡を追憶するために編まれた書物ではない。

本書によって知らされる共助会の綱領とも言うべき「キリストの他自由独立」「主に在る友情」によって、100年の歴史を刻み続けた共助会の命の営みを、神の御前にあって今再び問い、問われつつ、次なる一歩を踏み出す祈りを準備するためのものである。

奥田が語る「森先生との交わりは、いつしか先生の姿は背後に退いて、私どもの面前にはキリストの姿があざやかにならしめられつつあった」との言葉に、時代と世界とにキリストを紹介する共助会の使命が宿る。

小さき群れとしての私たちの歩みをその憐れみの中に置き、必要とされる限り、赦され、導かれて在ることを、切に神に祈るのである。

２０１９年12月25日（水）クリスマス

基督教共助会創立100年の記念すべき日に　委員長　飯島　信

前書き

片柳榮一

森 明という病身の伝道者を中心に、「キリストの他、自由独立［「基督のほか自由独立」を「キリストの他、自由独立」に統一した］」との思いをもった青年たちが集まって創立した「基督教共助会」の歩みも２０１９年に100周年を迎えた。創立後まもなくして、中心たる指導者、森 明を失い、15年戦争の嵐をくぐりぬけ、敗戦の荒野を経験し、また戦後の復興と経済成長のにぎやかしく、また殺伐とした時代を経てきた。この小さな群れが途切れず続いたこと自体驚きとも言えるほど、この百年の変化は激しいものであった。その中で貴重な多くのものを得、また失った多くのものもあろう。

私たち「基督教共助会」は、この長い年月の歩みを記した貴重な資料を持っている。『共助』誌である。戦前のタブロイド版、計139号（１９３３年３月より１９４４年９月まで）、そして戦後の

Ａ５判、計687号（１９５３年５月～２０１９年12月まで）である。これらの資料を読み直してみて、あらためて先達たちの血のにじむような信仰の戦いの歩みに厳しく身を正される思いである。今回戦前の『共助』の数えきれぬ多くの貴重な証言の中から、少数選び出したものが本書である。

日本が西欧先進国に何とか追いつこうとして激しく藻掻《もが》いて歩んだ近代化の歩みの中で、プロテスタント教会はその近代化の影響をもろに受け、抗《あらが》いながらも、いわば歩みを共にしてきたといえる。この歩みは二つの大きな問いに突き動かされていた。近代化に欠かせないヨーロッパ文明をどのように受容するか、そしてこの異質なる文明を受け止める核となるものとしての日本の主体性をどのように形成するかである（そしてこの二つは同じ源から発している。つまり日本を如何にして近代化するかである）。「基督教共助会」も属した日本プロテスタントのキリスト教会は、一方で、ヨーロッパ文明を真に自分のものとするためには、キリスト教の理解が欠かせず、それが示す道を自ら生きねばならないとして、自らの使命を自覚していた。他方日本の主体性を求める動きとして、明治以来、力を強めて来た「ナショナリズム」への関わりは、困難な茨の道であった。「基督教共助会」の創立者森 明自身、自らの信仰の核心から由来するものとして、「民族の使命」を自覚していた。聖書が指し示す核心的な事柄として、「歴史」があり、これを飛ばした「世界主義」は抽象的であり、真に「人格」を尊重することにはならないとの確信を森はもっていた。そこから日本固有の神道も、伝来した仏教、儒教も日本の中での「歴史」をもち、この日本の「歴史」において「数千年間忍耐強く沈黙を守らしめ給うた神の深いみ旨を思う」（森 明著作集［第二版］50頁）と述べている。森 明のうちに迸《ほとばし》るこの熱い日本への思いは、森の薫陶を受けた人々に深く受け継がれている。その故に「日本的キリスト教」の動きとして「みくに運動」（「あとがき」の注参照）のような鬼子も生まれざるをえなかったのであり、「基督教共助会」は、自らの立つ地盤そのものの問題として「ナショナリズム、民族の使命」の問題を、批判的に引き受けねばならないであろう。私たちの先達の戦前の歩みの苦闘から垣間《かいま》見られるのは、先達たちが、この二つの問いを、師森 明の生涯を見据えつつ真摯に担ったことである。そこには批判されるべき弱点も、無残な失敗もあろう。しかし新しく進むべき日本を、深い信仰と広く研《と》ぎ澄まされた知において真に担おうとした先達たちの熱い精神の志は、あらゆる批判にもかかわらず、貴重なものとして受け継がねばならないであろう。そのうえでこれからの時代を生きる者として私たち「基督教共助会」は、アジアにおいてこの百五十年の間、日本が近代化を進める中で犯した重く償いえない罪過を、共同的な主体として見据え、担う場を探り求めねばならないことをあらためて思わされる。

世界は、20年ほど前に新しいミレニアム（千年紀）を迎えたが、今地上全体が、行く手の厳しさの前に立ち尽くしている感である。イザヤが経験した「神の顔の隠れ」（イザヤ書8・17）に、現代の私たち自身も、直面していることを覚えさせられる。神の顔を見失うことがどのような混乱と混沌を引き起こすかを、戦慄のうちに味あわされている。現代の世界全体を覆う暗がりに加えて、日本はアジアにおいて近代を先駆けた故の、固有の歪みと困難を抱えている。日本のキリスト教界も、日本の混乱の中で混迷を深めている。カオスと闇に包まれて、一人一人が、自らの歩みを手探りせざるをえない。そのような中で、私たち基督教共助会は、私たちなりの仕方で、先達の歩みを噛みしめたい。先達たちを覆っていた暗がりと混迷とが、私たちのそれにいや増すものであったことを改めて思わせられるが、その中をひたすらキリストにならおうとする愚直なまでの先達たちの信仰の重い足取りは、私たちの遥かな先にまで伸びていることに気づかされ、静かな励ましと慰めを与えられる。私たちは、そのような思いをもって、ここに戦前の『共助』誌の中から珠玉の音信を掘り出し、皆様にお届けしたい。

2019年12月25日（水）　クリスマス

（編注：選び出された各論考の［解題］は巻末に掲載しました）

「基督教共助会100周年記念」戦前版『共助』誌選集

恐れるな、小さき群れよ――基督教共助会の先達たちと森明

目次

第一部

第二部

【第一部】

- ・森　明：「涛声に和して」
- ・高倉徳太郎：『涛声に和して』を読む」
- ・石原　謙：「森 明氏の選集を手にして」
- ・山本茂男：第13号「森先生を始めて識りし頃」1934／3
- ・山田松苗：第135号「森先生の追憶」1944／5
- ・本間　誠：第2号「ある主に在る友に」1933／4
- ・奥田成孝：第137号「魂の人 森 明先生」1944／7
- ・小塩　力：第67号「断片三つ――たよりにかへて」1938／9
- ・浅野順一：第3号「書斎の先生」1933／5
- ・浅野順一：第25号「基督論に関する森先生の手紙」1935／3
- ・山本茂男：第130号「故森寛子刀自」1943／12

涛声に和して

森　明

安心立命の秘密

私は今、識れる、知らざる友に向かって、湘南の地に病後の身を養う閑散な心に浮かぶ折々の想いについて語りたい。講壇に立つことを許されない今の私は、説教じみた話や、聖書講解や、自分の心の貧しい経験や、家庭礼拝の消息や、学問や、交友や、時事や、社会問題や、しかしてしばしば大自然の消息について語りたい。ただその黙示を解くにはあまりに貧しい感受性しか持ってはいないが、多忙に暮らさるる人びとに閑人の閑語を提供することとする。貴重なる紙面を割愛し、あるいはこれを読まるるであろう人びとにすべてが無益となることを恐れるが、一人でも本稿を顧みて下さる方を懐かしく思う。

若葉の陰を巣立ちした小鳥の親子が楽しげに飛び回っている。梅雨も晴れた。私は今日から湘南の波静かな地方に、神と友との恩寵のうちに護られて、永い間疲れ病んだ身体を休息《やすめ》に行くのである。思えば昨秋一一月、風物閑雅なる京都において帝大学生の集会に講演を試み、日本基督教会の浜寺における大会に出席以後、帰京早々より昨今に至るまで半歳にあまる大患に陥り、いくたびか生死の間をさまようがごとき経験をも、また主にさらに近くゆだねつくされた身心に与えらるる平和なえもいわれざる歓喜の経験をも得た。服従、またすべて主の十字架に自己の過去の罪を釘づけ、自己の考慮・欲望・工夫に死に果て、しかして信頼の単純なる生活を始めたる時の心の経験こそ、富める青年（マルコ伝一〇）やかの老学者ニコデモ（ヨハネ伝三）に向かってイエスが要求せられた聖旨を、いともわずかながら推しまつることができるようである。新生の歓喜、永遠なる生命、安心立命の秘密は、このへんに存するのでもあろう。これを持続し完成に至らせるために、なおも主のあがないの真理を弁《わきま》え、「汝の罪赦《ゆる》されたり」（マルコ伝二）との救いの確信に伴うて、絶えず潔めらるるために祈り、また死すとも同じき罪過を犯すまじとの主の聖愛に対する重き責任の心より生ずる努力を、寸時もゆるがせにすることはできぬ。キリスト者は実に戦争の一生を送らねばならない。ただ平和なるは、戦いに勝ち給える主イエスの十字架のみ陰によるときのみである。そこにのみまことの安息と歓喜が感ぜらるる。（本紙に先日芳尾といわるる姉妹の文章が掲げられたが、今回氏と同じような経験を語るについて思い出でらるる。同氏は五、六年前？　お茶の水高師の生徒に私が講演した中に立ち交じっておられ、席上神の愛の摂理について、むしろ否定的な質問をせられたることを記憶しているが、信仰上のよき進歩をせられたのを知って感謝に堪えなく思っている。）生も死も聖手《みて》にゆだぬればこそ聖なる救いの大事業も成し遂げらるるのではないか。

十字架にわが罪を負い給いたる主イエスと、恩師の保護と、多くのよき友の堪え難きまでの忍耐に支えられて捨てられず、かくて私は中渋谷に伝道を開始して以来十年を過ぎた。「朋友信あり」とはこの場合深い実感を伴う言葉である。まことに人を活かし不肖なる者を立たしむるものは、恩寵の中に、なおも引き立てんとする知己の愛である。残る生涯を謹んで神と人とに捧げ尽すこそ本望である。よしさらば健やかにもあれ病にもあれ、生にも死にも、ただ聖名のあがめられ給わんことをのみねがう。

初夏の湘南へ

昨年頃から私は自分の身体が非常に悪くなって、ことに心臓が弱ってきていることをよく意識しているので、いつでも家を出る時（健康の悪いときは）、振り返って愛する家族の住み馴れた家を見るのも、いつできなくなるかも知れないと、自然に思うようになっていた。それで個人伝道の仕方が自分でも気がつくほどくどく、力の及ぶ限り、この機会に、という態度にもなったので、自他ともに疲れて、結果はかえって思わしくない場合も多いのである。かつてブース大将が、「自分は常にこれが最後だと思って講壇に立つ」と言ったのを明治座で聞いた時、あの丈夫らしい人物、世界的事業を計画しなお将来大いに為《な》すあらんとしつつある事実を知っている私は、その言葉が、そのまま、他の言葉のように、自然に心にひびかなかった。しかし今は、彼の心理をよく汲み取ることができるようである。いかなる理想も、事業も、すべては御手の中にある。「一日の苦労は一日にて足れり」(マタイ伝六・三四)。すべて、わが実力でもなければ計画でもない。理想も抱く。計画を立てて事業にも取りかかる。しかし自分には刻々にこれが最後であるとの意識にあるとき、すべては聖化《きよめ》られる。野心や私心の暗い影を少しも引かない。そのとき精神においては、神の御事業にふさわしい。

口には言わないけれど、自然の人情でもあろう、すべてが懐かしい。あるいは今この会見が最後となるかも知れないと思うと、その人に対し言うに言えない心持になる。教会の友が来て「何時に発《た》ちますか」とたずねてくれた。家の者は例の通り、それには答えないが、気の弱くなっている私は、自分に聞く人に発車の時刻を正直に告げた。そして人びとの気づかぬ間に、子供の愛育している小鳥らを、ちょっと見に起って行った。と、小鳥は、平常するとおり、楽しげに可憐な小さい瞳で、私の方を、優しく眺めて、小首を傾けたりした。停車場には日ごろ教会で親しくして下さる人びとが来て下さった。もう会えないかと重い病床で考えたりした人らに、久びさに会ってまた別れて行くのである。人びとに交わって隅の方に並び立って、私を見守っていたまだ幼げな両児が、最後にチラと目に止まった。永遠に別れる必要のない世界があるにあらざれば、人生はあまりに情けない。

汽車は一声の汽笛を残してゆるゆると動き出した。車窓から展望する初夏の東海道線の遠近《おちこち》は、現在の私に、ことに、心地よく晴れ晴れと眺められた。緑の田畑、晩春の想いをなお呼び醒《さま》す遠山の霞のたゆとうごとく低迷するあたり、自然の余韻も深い。かくて夕陽が箱根の連山に落ちるころ、私たちは友の好意によって貸し与えられた家に来たり着いた。見知らぬ土地へ来た。しかしここにも第一に気づかわしそうな母の顔が見出された。私は暗涙《あんるい》（人知れず流す涙。）を呑んだ。常には、母と互いに、アブラハムとその子イサクのことや、イエスが「わが母わが兄弟とは誰ぞ」（マルコ伝三・三三）と仰せられて、肉身の関係よりも、さらに強く精神上の交渉について重んぜられていたことなど、語り合って私を私する罪を犯すまいと願っているのではあるが。

湘南の初夜は祈りに更《ふ》けた。静寂なる自然の中に、日中にはそれとも気づかなかった涛声《とうせい》が、はるかに聞こえてくる。この夜、私は、人間の運命が、時あって大いなる屈曲を画いて、導き押し流されて行くものであることをしみじみと思うた。この変化は、幾多の内容によってではあるが、「みずから思わざる所につれ行かれる」と、イエスが運命について教え給いし通りである。意味深長なるこの事実の前に、私は祈り深くみずからを点検し、思慮と分別とを致さねばならない。そしてまず第一にキリストの恩寵をさらに深く味わい、彼に忠実ならんためにみずからに宣戦すること。第二にはおそらくは将来もあるいは病床に親しむことの多くあるであろうゆえに、文書をもって伝道せんとの決心である。私はこのような動機から、かつて帝大共助会の東山荘における会合の席上約束をして、そのままになっていた出版に関する重荷をも考え出した。そして今度は祈って、伝道に幾分でも役立つなら決行しよう、この仕事なら寝ていてもできるからと考えた。その最初のものの原稿も、すでに脱稿に近いが、誰か親切な条件で世話をして下さる書店があればよいのであるが、などと思うた。汽車で疲れてはいるが、新しい所へ来て目ざめがちであった。やがて鶏鳴がした。しかし主は思う心に近くいました。

手紙三通

この頃病中なるべく面会も通信も避けてはいたけれど、いろいろの用事で余儀なくしたためた中に、最近とくに祈ったり、または考えたりして送った三通の手紙がある。

一　「排日問題について」植村先生へ。
二　「文化意識のよる真理の客観性とキリスト教の客観性の信仰との交渉」に関して高倉徳太郎氏へ。
三　ある事件に関して吉野作造氏へ。

私は今、右の三通をとくに選んだ理由について少しく述べなければならない。私がこの種の手紙を植村先生に書いたのは、先生を知って初めてである。それは十四、五歳からお世話になってきたことであるから、先生もそうであろうが、大人じみた柄《がら》にもない難しいことは私に期待もなさらず、私もまた自省して、平凡極まった者だから、多少の問題を考え出した時でも先生には言わないできたのであるが、今度は日米問題などという国際問題について短くとも一奮発して愚見を述べ、かつ私たちの属する、社会的にみるならば一人格である日本基督教会全体にわたって、結局は、この問題に関する常識が、先生や常置委員諸氏に骨折って頂いて、行き届くようにと願ったのであるが、私の手紙をあえて差し出した真意は、対外問題よりもむしろ内部の問題を考慮しているからである。恐るべきは某国やわが国の困難に際してあるいは起こるであろう革命ではない。真に憂うべきは大帝国ローマの滅亡に至りたる原因で、わが国数十万の信徒の上にかかる重き責任である。ソドム、ゴモラはいかにして亡ぼされたるか、そのようなことを永の病床でしばしば考えさせられていたから、私たちの大会が世界普通の相談会のごとき有様に流れて、かのペンテコステの会合のごとくにあらずして、真の生命力に欠けたることの甚だしき間に、終りを告ぐることの多きを甚だ遺憾に思うのであるが、ことに日米問題についてキリスト者が世界の同労者を促し立て、あっぱれ忠勤を励むことができるならば、先に欧州大戦において、神と人との前に失いたる現代キリスト者の信任を回復することができるであろうゆえに、最も重大なる意義を含んでいると、私は考えている。同時に、もし、私たちの精神上および実行上の方針および労作がよろしきを得ないならば、幸いにして日本現代の社会文化が表面においてはすでに敵も味方も等しくキリスト教の正常なる立場を了解しおる上、すべての出来事が今日までは私たちにむしろ有利である上に、内村先生のごときあってその一面の真理を高調せらるるなど（米国宣教師無用論に関する同先生の意見に関連して私も後に述べてみたいと考えている）、すでに得つつある東洋の使命に有するキリスト教の歩武をさえ、傷つけ失わしむるであろう。私たちの世界主義は決して愛国心と相反するものではない。また吉田静致氏も某所において「戦争は愛の精神においてなされなければならない」という意味の講演をせられたと聞き及ぶが、愛を説くキリスト者なればとて決して非戦論ではない。私は今度のごとき場合、しかも先進のキリスト教国をもって、世界の指導者をもって自任する強国の背信の罪悪に向かってこそ、いわゆるプロテスタントの精神を発揮し、大いにこれと戦わなければならぬと思っている。ともかくも私はその手紙の終りに「御多忙なる時と御眼とを労せしめたることを許されよ」との意味をもって結んだ。そのくらいだからとても返事はもらえまいと思っていた。実際まだもらわないのであるが、しかし電話で会ってやろうと言って下すった。折あしく、私はその日二、三時間の後、転地旅行に発《た》つ手順となっており、その上病弱である私ゆえ、先方とも急に変更することが甚だ困難と感じたので、いかにも残念であったけれど、お礼を申したなり来てしまった。そしたら友人が停車場へ見送りに来てくれて、「植村先生がいずれ手紙を書くからと伝言してくれ」ということを話してくれた。もう一週間にもなるがまだお返事は来ない。しかし福音新報の社説で、先生が日米問題を取り扱っておらるるのを最近見た。あまり筆まめでない先生は、あれを読んで我慢しろと言われているようにも心の耳に聞こえている。

高倉氏は、実は私の先生である。その人から前に言ったような問題について、いつかは教えを乞いたいと思っている。氏から頂いた通信の返事の中にちょっと書き込んだ問題であるから、もちろん返事を受け取るはずはないが、同氏がある所で講演された後で、私の提出した問題について、随分困難な問題であると言っておられたそうである。返事の来たのは三通のうち、最後の吉野博士からのみである。私はまず吉野博士のことから述べて行こう。

吉野博士の返書

二階からは相模灘《さがみなだ》の風光が望まれる。心地よい微風が緑の樹や庭の小草を渡って吹いて来る。来て三、四日たった朝の小さい家庭礼拝の終わった時、幾通かの手紙の中に、氏のを発見した。「浮世のさばきは人に任せ、心を神様の前に捧げて安心するのみです言々」との一節があった。心配はしばしば不信仰の産物である場合が多い。神に任せたる生涯こそ勝利の生涯である。私は今ここに同氏のこの書に関連して多くを語ることを差し控えよう。私はここへ来て東京からの便りを懐かしく思う。長閑《のどか》な午《ひる》近い室で、その手紙を膝の上に置いて、私はいつか数年前相識《し》るに至った頃を思い浮かべた。その頃まだ学生であった親しい友人たちの骨折りで、博士から私に会いたいと言って来られた。私はかねて帝大や高等学校の友人たちと「共助会」という、小さな純粋に「キリスト」をのみ仰ぎ求め、かつキリストにおける友情を篤くし、相互の人格的生活を高めるために、相助け合うことを目的とする会を、あたかも中渋谷に伝道を開始した頃から、二人三人集まって持ち、今日に至っているのであるが、吉野氏も、私から、この小さいながら真剣で、とくに第二義としては愛する祖国の救いのため、善良有力にして教養ある人格者となって、互いに呼応しつつ、各自の立場に立ちて貢献しようとする信仰と意気とを有することを聴いて喜ばれ、ぜひ自分もその単なる一会員として加盟したい、と申し出られた。

帝大の御殿で昼を終わって、私たちは青葉陰の涼しい池のほとりを語りつつ歩いた。いろいろな話をした中で、次のような会話を思い出した。博士はズボンのポケットに両手を差し入れ、背伸びをするようにして立ち止まって、「日本の現状について某《あ》る人びとは、非常に悲観するけれども、僕はすくなくとも若い学生の間には実に喜ぶべき現象を認める。……先ごろも、在学中から秀才であった学生が卒業後郷里へ帰ったその後、その人から通信があって、『自分は今郷里で役場に空席があったので、そこに満足してつとめている』と言ってきた。彼は人生は事業にあらずして、真に人間として生きることにおいてのみ意義を見出す、と言うのである……。このような高尚な考えをもっている学生は、恥ずかしいことだが、僕らの学生時代には一人もなかった。大いなる野心や功名心をいだいて、帝大に来たものであった」と話され、なお語をついで、「大体において大いに恵まれた国であると思っている」と言われた。「しかし、大兄の言わるる通り不思議にも進歩し来たった国であるが、私にはいかに考えても『歴史』が不足であると思われる」と私が言ったとき、同氏も「その点である」とやや沈痛に応ぜられた。すべての真理の理想も生命ある価値となすためには、経験、歴史によってのみ初めて真の意義を生ずるのである。「信仰も行ないを離るれば死する」（ヤコブ書二・一七）ごとく、体験より来たる自覚の伴わざるすべての社会運動は、盲目的で少しの意義も価値もない。この真理の自覚を促すために、真の意味において、人物を要する。この意味において、ますます自己に忠実であるとともに、伝道の重大なる使命を有するものと、言わなければならない。このように理想主義に立つ時、私らは、ついに、それはすべてキリストに帰り行かなければならない。その後共助会で、私はマロックの『単なる民衆主義の制限』という、寡頭政治の弁護の目的で書かれた本について話した時、博士も同席せられたので、非常に興味を催され、起って「僕は新英雄主義の真理であることを大いに主張する」と附加せられたことなどを思い起こしていると、「東京から御客様です」と取りつがれたので我に帰った。

巌頭の感

客は去った。しかし私の書斎には、香り高い色とりどりの草花が残された。じっと眺め入っていると、えも言われない気高さを感ずる。「美はそのままに美に耽《ふけ》る」ことが本来の性《さが》であっても、虚偽《いつわり》の多い人生には、そのおのずからなる姿が、道徳的反省を促し来たるように感ぜられる。私はこの地に来てから、また十年前の中渋谷伝道の頃を日曜ごとに想起する。今日もまた手伝いの婦人と母と自分と三人、十時から礼拝を行なった。一生懸命、説教した。実に相手をよく知っているだけ、真剣に話すことができて、少しは心に満たされた。皆で主に近くなりたいと、ただひたすら、主の御同情を祈り求めている。集会は一時間余を費やしておわった。私は、つねづね遠望する海岸へ、今日好晴に乗じて夕陽さす頃から散歩に出掛けた。来て見ると、昨秋以来、この大磯の浜は、岩石が増加したそうである。今その一つに立って、はるかに水、天に連なるあたりに目を放つと、夢見るごとく漂う白雲が、悠々として、青色に霞む大島の彼岸に去って行く。一転して、茫漠として煙《けぶ》れる海上を眺めると、小さき白点一個、わずかに洋上に隠顕しつつ、天涯より吹き渡る順風に運命を託しつつある漁舟を、見出すのも情趣深い。

この大自然にもまた変化があるのだ、と私はふと思うた。そして私たちの神かけて祈りかつ命をかけてなし遂げようとする理想の実現が、いつかは行なわれうるということについて思い起こした。

数年前、多病な私は、やはり病後、相州七里ケ浜の稲沢謙一君方に、養生におもむいた。期せずして、当時愛する家族を失われ、かつ、ある言論上の事件で獄に下るすぐ前であった田川大吉郎氏と同宿した。そして、神を恐れ人道を思う国士が、かえって皮相な人生に阻まれることのしばらくあるのを思わせられた。今度も、吉野氏の意中を推察して、他人事《ひとごと》とはどうしても思えなかった。私たちは憤然として起つものであるから。ある夕べに、田川氏は、私を散歩に誘うた。そして日本政治界の革新について、頑迷如何《いかん》ともなし難い者らの理由なき権勢について歎き、かつ皇国の前途を気遣われた。二人が七里ケ浜の岩上に立った時、三、四名の子供らが、波打ち際の岩をつたいつつ、他の一端へ巡るのを眺めていた氏は、「僕が数年前ここに来た時はどうしても渡れなかったがな」と感慨浅からず言われた。私の脳裡には、その時反射的に、絶えず岸に寄せては白い泡沫《うたかた》とくだけて飛散する波の姿が刻まれた。人力の及ばないことを、自然がする。これをとどめんと欲するもとどめ難い。目前汲み揚げる水は、人意のままに従わせえようとも、大海原の偉力を誰か左右しえようぞ。

孤忠を抱いて、統卒する兵士の士気を鼓舞せんとした義貞が、巌上に立って、剣を海中に投じたるも、ここであった。彼は報いられずして死したが、今は皇国の光ようやく輝く時節となった。一《いっ》人生悠久の波打ち際に立って、われらはただ真理の確信に生きんのみである。ワーズワース、一夕《せき》カレーの海辺を逍遥して、海を望みその神秘に見入りつつ「おお神よ、何時か汝はわがかたらに来たり立ちい給う」と言うた。実に宇宙は、神のみ手の業《わざ》である。

その翌日、田川氏は入獄のため帰京せられた。私は、氏のトランクを持たして頂いて、鎌倉の停車場まで送って行った。そして、正義のために戦って下さる同氏の後影を、懐かしくいつまでも見送った。

私はそのことを思い出した。同じような巌頭《がんとう》に立って、いつか同じような心を、吉野氏の上に送りつつある私自身を発見した。

私はよい先生、良い友を与えられている。せめて彼らのために祈って、生を終わるまで忠実でありたい。そのことだけは、私が終生なしえらるる事業であろう。そして罪に苦しむ人のために、世に知られない友のために、ただ神のみ前にのみ。

サット飛沫《しぶき》した波頭《なみがしら》が足下に近く散乱した。いつか海は黒く、大島の影も夕暗に消え去って、大洋の中に走り入るかのごとく見ゆる伊豆半島の連山を、目をもって追うて行くと、秀峰富士が抜群の雄姿を、夕陽に輝かせている。その白雲に照応する光線の色は、とうてい言い表わすべくもない。コールリッジが、高嶺モンブラン絶頂を望んで、低唱したという有名なる詩が思い出さるる。日もまさに暮れんとする頃、偉大なる自然の黙示に想い耽《ふけ》りつつ家路についた。

自然と文化および宗教

偉大なる自然のうちに、神の恩寵を味わうのは、いかにも意味深くかつ言うべからざる歓喜に充たさるる。一本の草花に対するも、星静かなる夜に仰ぎ望む天空も、等しく無限の感激をもたらさずしては止まない。跪きてこの憧憬《あこがれ》をいずこへ捧げんか。ワーズワースが自然のインスピレーションに堪えかねて「余はむしろ異教徒たらんことを！」と私語したるも同情浅からず覚ゆる。されど拝すべき者ここにあらざる以上は、ある意味においては、自然もまた人間にとりて死物である。偉大なる自然、私は、神と人とあって初めて生きる自然を思う。かくて、人もまた、神あってこそ生きるのであろう。

然るにても、まず自然と人間とは、いかなる関係を有するのであろうか。私は今自然の恩恵に浴しつつ、朝夕に波白く岩を噛《は》む海浜を逍遥し、あるいは裏山に青葉陰涼しき小径を辿《たど》りつつ、いろいろなことを考えているが、そのうちの一つは、まさに自然と人間との関係についてであるが、さらに深く突き進んでは、文化対宗教（キリスト教）の関係である。何故にかかる思いを抱くであろうか、ということについて少しく述べ、しかして過ぐる日、高倉氏へも書き送ったその根本問題である両者のよる真理の客観性の問題にまで触れて見たいと考えている。その後同氏からも、教導を期待しうる親切なる好意を与えられたることによって、さらに勇気づけられている。

このような問題を、私は二つの主なる理由から取り扱って見たいと思う。その一つは、現代の日本の思想界の傾向であるとともに、実は世界の傾向である文化意識対キリスト教意識の関係交渉の問題、その二は、これらの問題が実は非常に重要であるにもかかわらず、両者がともにきわめて無関心に過ぐるか、キリスト教の真理性は一種の独創的立場を有するがために人間的努力をもってよくこれと交渉しうるものではないというがごとき、一種の超然主義から来る楽観的態度などから生ずる両者の懸隔が、両者の本有する真理性の光輝を減退もしくは滅却せしめるであろうということ、ことに実際問題としては、私たちの伝道方面においてこの態度あるがための損失についてである。もちろん私たちは、神の恩寵によって引き出されたるキリストにおける客観的真理の確信に生きるものであることは言うまでもないが、その因って来たる理由を、学問の上に立証したいと思う。そしてそれが、文化意識の拠る真理の自覚と、いかに交渉し相触発するであろうか。もしこの根本的問題における両者の「関係」と、それが示す「真理性」とが闡明せらるであろうならば、現下の日本、さらに世界の思想界は、非常なる変化を生じ、ことにキリスト教の光輝ある立証となるであろう。目下伝道界は、この一点について、道理あり、確信ある交渉の途がいまだ開拓せられていないために、キリスト者にこの思想を十分に承服せしむることが困難である。一般真理の追求者は、キリスト教学問の独断にして、しかもある意味の信仰に甘んじやすく、その奥妙にして厳かなる宗教的真理の基礎づけを怠るがゆえに、真理の必然的条件たるべきその普遍性を発揮するに至らざるために、思想する者はあえて取るに足らざるものとするか、しからざれば、彼らより、かえってキリスト教の本有する道理の内容を修正せんとし来たるがごとき場合を生ずる。しかも、これに対し、キリスト者は、理性の上に自己の確信を立証しえざるがために、非常なる困難に出会する。よし、これを立証するとも、独断にして他に通ぜずば、伝道は依然として不可能に帰するのである。私は目下ある関係から「日本伝道の弁証学」というエッセイを、幾通か読まされているが、私の目を通したものの中には、この点に触れているもののないことを残念に思う。過去の戦闘・力説の回顧にあらずして、現在および将来における、生きたる伝道の消長に関与したる、またすべき、最も重要点の一つであるを失わない。であるから、私たちはかかることについて、無関心であってはならない。ユダヤ人のみならず、ギリシア人にも、宣べ伝うべき福音である。私たちの責任を、彼らの上にも負うべきはずである。そこで、思想界の現状に顧みて、必須欠くべからざる要点は、キリスト教の真理の宣言にあらずして、いかにしていかなる理由の下に、それが真理とならねばならないであろうかという、真理認識の方法論的立証である。もしこの一方面の文献を閑却しているならば、教界以外の思想を啓導しえないのみならず、キリスト者自身の全的生命活動たることができない。真理認識の理論的自覚は、ひとりそれが伝道の上に要求せらるるのみならず、実にまた私たちみずからの確信を基礎づける、正当なる信仰の重要なる要素となるであろう。しかるに私たちの先輩は、あまねくキリスト教意識をもって、これと交渉すべからざるものと断言するか、少なくとも、無用の労作視しつつあるかのごとき感を私には与えつつある。これ、私にとって首肯し難き点である。私はかつて植村先生の「神学通論」を聴聞したが、その神学的要求の広範にして雄大なるに驚かされた。これがために、その後私は、今日に至るもなお、学問の世界において追うべき、キリスト者の責任の極めて重大なることを忘却することができない。私は今それらのことを、一々に考証して行こうとする者ではないが、ただ「文化」と言う語があまりに流れ行なわれて、どこに帰着しその根拠をおろすべきかについて深くも考慮しないために、堅実を旨とせらるる人びとがかえってこの語を恥ずる傾向を認むるのであるが、私はこれを喜ぶとともに、また前に述べたような意味から残念にも思われる。もちろん「文化意識」と言っても、銀座街頭や丸ビルあたりを漂流する「手軽で能率的でハイカラ」であるということとも全然違うのである。私は「文化」ということに対する誤解を解くために、その本性について少しく語り、そしてさらに重要なる問題にまで触れてゆきたい。もちろんその一、二の要点にとどまるのであるが、それでも本稿において、述べおわることができるか否かを危ぶんでいる。それは私の許されたる寄稿の日数もやがて尽きんとしつつあるがためである。しかし題を改めて、これらの問題だけを取り扱って見ようと思うている。私は拙稿に対する忍耐深き好意を示されたる、読者と福音新報社とに向かって心よりの感謝を捧げたい。そしてまず起稿の動機となった日米問題を初め、キリスト教思想の問題、ひいては宣言要求の問題、さらに植村先生御自身の立脚点にまで及ぼしたる種々なる親切なる啓導を、私ごとき者も衆人とともに味読するを許されたるは、言うべからざる感謝であった。私としては、日米問題に関して、植村先生の意見の中にも見えた「同化問題」に関する点を最重要と認め、かつ少しく先生と見解を異にする点があるので、高教を乞いたいと思うこともあるが、今は差し控えて、九月の『文化生活』に、私の拙い考えだけは寄稿しておいた。そしてなお、この際私たちの立場から、「世界主義」と「国家主義」との関係について、当然その明白なる見解の表明を要求せられていると思うゆえに、もし脱稿して後もなお勇気を持しえたらば『中央公論』か『改造』誌上で発表したいと思うている。したがって、さきにちょっと記した「外国宣教師問題」については、この際黙して過ぐることとした。終りに四回にわたる拙稿に対して思いしよりもはるかに多くの人びと、それは単に日頃近しくして下さる方々のみならず、永く音信の途絶えいたる懐かしき友の数氏よりも遠く書を寄せられたるの歓喜は、譬うるものもない。しかしもとより主のみために、とのひそかなる欲望であったこのことが、神にも人にも要なきのみならず、かえってそむきたるにあらざるかと思い至れば心苦しく感ぜらるる。その迷惑を感ぜられたであろうさらに多くの人びとに、心から身知らずの罪を謝する次第である。幸いに師友のなおも忍耐深き教導援助を受くることが許さるるならば、私もまた、復活の生命を主にありて進展せしめらるるを得るであろう。

その後私はこの地に滞在しつつ、二つの、私にとって記憶すべきことが起こった。一つは過ぐる日、帝大共助会の東京・京都連合集会席上に試みたる五時間ほどにわたりし「贖罪論」と、この大磯の日本メソジスト教会の依頼によれる伝道説教の試みとである。両者とも大病後最初の試練である。私は今「死して復活《またい》き、失いてまた得られたり」と、神に喜ばるる者とせられたい心で満ちている。主にあって、生死の工夫をこらさねばならない。これ、私にとって、何ものよりも重大にして、かつ根本的な事に属する。恩寵に対し奉る責任である。しからざれば、私はその生存の意義を失うものである。

月の澄む夜、はるかに銀色に照り渡る海原を眺めつつペンを擱《お》く。この拙い稿を顧みて下さったであろう識れる知らざる方々の上、さらにまたともに憂うる祖国の前途について、すでに幾多内外の人びとが主のために十字架を負うて流したる血潮に贖《あがな》われつつ、今日に及びたるこの国民をして、主のみ前に正しくかつ意義あらしめんために、捧げられたる犠牲を回顧しつつ、静かに祈る。

人去って階上は寂然としている。耳を傾くるたびに、ほのかにも伝い来るは涛《なみ》のひびきである。

「涛声に和して」を読む

高倉徳太郎

『森 明選集』を贈られて、とくに「涛声に和して」を熟読した。実に得がたき文章である。森君の深いゆたかな信仰、その高い人格、その遠大な抱負などが、不用意に然も心にくきまでに切実に顕れて居る。この一文章だけを読んでも森君がいかに得がたき神の選び給いし尊き器であったかがしみじみと思われるのである。その中から感じた二三のことを書かしていただく。

＊　＊　＊

森君は神とキリストの恩寵をあふれるばかりうけ、之を味わった人である事がわかる。「先ず第一に基督の恩寵を更に深く味わい」といい、「神と友との恩寵の裡に護られて」といい、「十字架に我が罪を負い給いたる主イエスと恩師の保護」といっておられる。同君の全存在、その病床も主の聖なる恵にひたりきっていたことがわかる。そして「幾度か生死の間をさまようが如き」ときにも、単純にキリストに信頼し、絶対に服従して思うにすぐる平和と歓喜とを経験せられていた。また同君は友をとおして来る神の恵をしみじみ味わい感謝することの出来た人である。「神と友との恩寵」、「多くのよき友の堪え難き迄の忍耐に支えられて捨てられず」、「誠に人を活かし不肖なる者を立たしめる者は、恩寵の中に、猶も引立てんとする知己の愛である」などの語を見ればよい。主に於ける友の愛に応えんとして、実に細やかな、ゆきとどいた友情と信義とを全うした人である。「私は良い先生、良い友を与えられて居る。せめて彼等の為に祈りつつ生涯を終わるまで忠実でありたい。このこと丈けは、私が終生為し得られる事業であろう。」何たる謙遜さであり、厚き友情のあらわれであろう。

＊　＊　＊

主の恩寵を深く味わった同君は、最後まで主を熱愛し、主に忠実ならんとした。ここから聖なる責任を痛感しておられる。「絶えず潔められる為に祈り、また死すとも同じ罪過を犯すまじとの主の聖愛に対する、重き責任の心より生ずる努力を寸時もゆるがせにすることは出来ぬ」といい「先ず第一に基督の恩寵を更に深く味わい、彼に忠実ならん為に自らに宣戦する事」といってある。キリストの聖愛にこたえん為、主に忠実ならん為、彼は第一に自己と、その罪とに真剣に戦いぬいた人である。彼の晩年は厳かなる悔改につらぬかれている。「基督者は実に戦の一生を送らねばならない」。同君に於ては、主によれるかぎりなき平和から罪悪とのはげしき聖戦が生れて来たのである。森君は実に良心の鋭い人であった。これは「霊魂の曲」に最もよくあらわれている。彼は自然の美にうたれつつ、道徳的反省をうながされた人である。「美はそのままに美に耽《ふけ》ることが本来の性であっても、虚偽の多い人生には、其の自《おのず》からなる姿が、道徳的反省を促し来るように感ぜられる」などの言《ことば》がある。

＊　＊　＊

森君の信仰には死に直面したるものの終末的真剣と清らかさとがいきている。「すべて、我が実力でも無ければ計画でもない。理想も抱く、計画も立てて事業にも取りかかる。然し自分には刻々に是が最後であるとの意識に在るとき、すべては聖化《きよめ》られる。野心や私心の暗い影を少しも引かない。其の時精神に於ては神の御事業にふさわしい」。同君には、これが、この機《とき》が最後であるとの思が強くあった。ためにその信仰生活が真剣であり、私なき潔きものであり得たのである。彼の伝道の如何に真剣にして、同情と愛とにみちみちたものでありしか。「夫れで個人伝道の仕方が自分で気がつく程くどく、力の及ぶ限り、此の機会に、と言う態度とも成った」とある。ここに生命がけの伝道があらわれている。「われ神の前また生ける者と死にたる者とを審かんとし給うキリスト・イエスの前にてその顕現と御国とをおもいて厳かに汝に命ず。なんじ御言を宣べ伝えよ、機を得るも機を得ざるも常に励め」（テモテへの手紙二　四・一〜二）。この聖句にある如き終末的信仰が同君の伝道の動機を支配していたこともあらそわれないと思う。

＊　＊　＊

鳩の如き敏感さをもて自然の美、そのめぐみを森君は感じ得た。これについては、「雨」「自然の姿」などのすぐれた文章を味わえばよい。「偉大なる自然の裡に、神の恩寵を味わうのは如何に意味深く且つ言う可からざる歓喜に充される」とある。相模灘の岸に立って思をのべる。「サッと飛沫した波頭が、足下に近く散乱した。何時か海は黒く、大島の影も夕暗に消え去って、大洋の中に走り入るかの如く見える伊豆半島の連山を、眼を以て追うて行くと、秀峰富士が抜群の雄姿を、夕陽に輝かせている。其の白雲に照応する光線の色は、到底言い現す可くも無い」。蘆《ろ》花《か》の「自然と人生」を想起せしむる如き文章である。

＊　＊　＊

森君は健かなるときも病むときも寸時も祖国に対する憂と愛とを忘れ得なかった人である。彼ほど主に於て日本を深く愛した人はまれである。彼の視野は広大に、その憂は深く遠きものがあった。「日米問題」によって触発せられた主に於ける憂国の情は実に切々たるものがある。彼は祖国の歴史とその個性と使命とを固く信じ、如何にもしてそれが神の栄光の為に正しくいかされんことを祈り求めたのである。「私達の世界主義が決して愛国心と相反するものでない」ことを同君は強く主張した。とにかく森君ほど、少しの割引なくして祖国の救の為に祈り得、凡てをささげ得た人は少いと思う。同君はまことに主に於ける、主の為の憂国の志士というべきである。

＊　＊　＊

基督教信仰の真理性と文化の真理性との関係はいかにあるか、文化意識に立ちつつ彼らの信仰に客観的真理性を附与し得るか、かかる根本的問題に同君が早く、鋭く目醒めていたのは、達見といわねばならぬ。同君は思想的に実に鋭い直観を有《も》っていた。彼の断想にはまことに暗示深きものが多かった。そして彼は伝道上からも、自己の真理要求からも、基督教と文化との問題に深く思をひそめたのである。「そこで、思想界の現状に顧みて、必須欠くべからざる要点は、基督教の真理の宣言に非ずして、如何にして如何なる理由の下に、それが真理と成らねばならないであろうか、と言う真理認識の方法論的立証である」と彼は説いている。同君は思想上に於ても、実際的問題についても方法論を重んじたのはその特色とするところであったといってよい。

もっと書きたいが、許された余白がないから擱筆《かくひつ》する。他の機会に於て森君について申上げることもあろうと思う。

〔創刊号　森 明先生記念、一九三三・三・一〕

森 明氏の選集を手にして

石原　謙

共助会諸兄の協力によって、若くして主の召に応じて立てる森 明氏の選集が編纂公刊されたことは、親しく故人を識りまた直接に或いは間接に其感化と刺戟とを受けた我々のみの喜びである許《ばか》りではない。キリストと祖国とを愛する凡《すべ》ての同志の、主に於て結ばれ真理を求める凡ての者の、限りなき感謝と追憶とに価いするものと謂《い》うべきであろう。私も亦其《その》一人としてここに短想を記す機会を喜ぶ者である。

選集を手にして私は今更のように、キリストの愛に恵まれて其霊魂と才能とを捧げ凡て潔《いさぎよ》く主のためにのみ活き、猶《な》お若く貴き身を以て永遠の平和を仰ぎつつ主の許に逝《い》ける氏の面影を想うこと切である。氏の謦咳《けいがい》に接すること余りに屢々《しばしば》でなかった——影の形に添うように植村正久先生と倶に居られた頃の若き姿には、私は先生と遭う毎に常に接すること得ていたに拘らず——私は今度選集を通して、其在りし日よりも寧ろより親しい霊の交りを許されることを得たかのようにさえ感ずる。既に眠れる者をも呼び起して我等の霊魂に新しき呼びかけを与え給う主は、感謝すべきかなである。

我等の此書の著者は、真にキリストを愛し寧ろキリストに愛せられて其短き生涯を最も潔く美しく送れる幸いなる者の一人である。充分なる研学の機会を許されなかったにしても真理に対する謙遜と熱心とを以て自ら学び且つ思索する才能と余力とを与えられ、今ここに我々の読み得るような優れた基督教弁証論を残す事の出来た若き学徒である。確かに此書を一貫する態度は弁証論的精神である。而して此書の中にまだ論究し尽さない欠陥を見出そうとする科学者や哲学者があるとしても、宗教的真理に対する著者の真摯にして勤勉な良心に動かされない読者は恐らくないであろう。ここに此書の香りがあると私は思う。

此選集の中に示された著者の興味は、まことに広汎である。基督教の教から比較宗教学的事実に論及し、哲学及び科学に関する諸多の問題に亘って周到な考察を試み、文化一般の意義を問い、更に国家と民族と人類全体との使命と帰趨とに深い関心を抱いている。然《し》かも其何れもが単に断片的な思いつきとか随想とか言うべきものでなく、真摯な研究者の態度を示し、屡々組織的な論述の形態を整えて居り、若し充分なる健康と長寿とが許されて更に深く考究することを得たとしたら、基督教的乃至宗教哲学的体系を組織し得たかも知れないと思われる。其恵まれたる素質を、我々は此書の到る所に於て見出すのである。

併し、此書の蔵する真の生命は思うに著者の純情な霊魂の外にはない。キリストの愛に深く感激し神の召命を強く自覚した氏は、何を学び行を努力しつつある時にも其最後に帰着する所は神への忠誠に存したらしい。此真実な姿は此書の一言双句の裡にも認められる。されば書中に見える哲学的思索も科学的探究も文化論も世界観も、凡て神の信仰に根ざし「キリストの為に」に戻って行く。それは卑俗な意味での伝道ではないが、伝道の為に役立たしめられることを光栄とするものである。「涛声に和して」其他の晩年に成れる若干の短文は、伝道を直接の目的としないで、然かも其語る微《かす》かな声もキリストの恵みを現わさずにいない美しい心の響きを伝えているのを見る。此精神を表徴する多くの文章の中から私は次の一句を引用して、学問と文化と人生とに対する氏の真摯にして謙虚な霊魂の姿を彷彿せしめたい。

「真理を生かす者、それはただ一人キリストあるのみである。真理の自覚によって来たる近世の労作が改革や革命を名として多く破壊に傾き、また愛の体験者がその偽らざる生命の経験を辿りつつも生の否定におもむき、それが建設の目的を達し得たるものは極めて少ない。私たちはあるいは真理を見ることができよう。しかし真理を知り得ても、これを生けるものとして実現する能力を欠いている。真理が生ける真理であるためには、まず私たちの人格が救われ、絶えず神の愛に護られつつ生きなければならないと思う。」（四〇頁〔第二版〕）

〔創刊号　森 明先生記念、一九三三・三・一〕

森先生を始めて識りし頃

山本　茂男

庭先の沈丁花《じんちょうげ》もいつの間にか大きくふくらんで来た。もう春が近づいて来たのだ。春が廻《めぐ》り来て沈丁花が咲き初めるとまず思い出ずるのは森　明先生の記念日である。今年は先生が逝《い》かれてから早くも第十年になる。想えば大正十四年の三月六日の朝であった。私はこの朝、学生大連合礼拝の会場を求めて青山会館に行った。先生は最初は、「国技館でやろう」左もなければ「日比谷で天幕を張ってやってもいいよ」、斯《こ》う言って少なくとも一万人位の集会を期待していられる様子であった。私は処々場所を探ねたが適当の会場を見当らなかった。偶々《たまたま》青山会館開設の記事を新聞で見たので、数日前に病床の先生にもお話しておいた。会館の主任の人は「三千人位は這入《はい》ります。まだ一度も大衆会はありません。先ず最初に宗教的な衆会を催して頂くのは当会館にとっても幸です」、斯《こ》う言いながら貸与を約してくれた。私は欣喜《きんき》雀躍《じゃくやく》の思いで、この報を齎《もたら》して先生の病床に足を急がせた。淀橋角筈《つのはず》新町の御邸《おやしき》の門を這入《はい》るといつも閉められていた玄関の格子戸が開け放たれていた。異様な直感に胸騒ぎを感じながら玄関に立った瞬間、悔恨と悲しみと失望とが一時に全身を圧して、しばらくは身動きも出来ず、物も言えず、涙すらも出ないのであった。先生の御重態を日々不安に思い乍《なが》らも、春が来ればまた必らず御恢復《ごかいふく》くださるものと期待し念願もしていた私は、余りにも自分の鈍感と不真実とに心責められたのである。先生を追想すると、それからそれへと連想尽きざる神の恩恵を感ずるのであるが、私にとりては言い知らぬ罪の懺悔なくしては想い出せないのである。先生に直接導かれた地上十年の魂の巡礼に於て、幾度か信仰の危機より救い出された経験をもつ私は、先生に於ける主の御導きなくしては今日の自分すら恐らく在り得なかったと信ずる。人生にありて、殊に信仰生活にありて、いとも貴きはよき友にしてよき師を有することであると思うのである。

私が始めて先生にお目にかかったのは大正五（一九一六）年の初秋の頃であった。鹿児島高等学校を出て、東大法科に入学してから間もない頃であった。私はその六月下旬、入学受験のために上京の途上、関門の連絡船を待つ間に門司の街を歩いていると、思いがけなくも合同教会に於ける植村正久先生の講演ポスターが目についた。兼々《かねがね》上京したら是非教《おしえ》を乞《こ》いたいと思っていたこととて、胸を躍らせながら小走りに街を縫い、坂道を駈け上って教会堂に飛び込んだ。新しい清楚な会堂は関門海峡を一眸《いちぼう》の中に瞰《みおろ》す山手の高台に立っていた。植村先生のお話は既に始っていた。「一里の行役を強いられなば之と共に二里行け」と言う聖句を主題としたものと思われた。私は自分の前途に深い暗示と神の導きとを感ずる心地して熱心に傾聴したのである。お話が終わると、始めてそれが婦人集会であることに気付いて、人知れず顔の赫《あか》くなるのを感じた。講壇を降りて来られた先生に、私は上京途上にある志をのべると、先生は慈父の様な態度で、これから朝鮮・満洲の伝道の旅に行くが、帰京したら是非訪問せよとて名刺の裏に略図を描いて渡して下さった。九月再び上京して、まず第一の聖日に出席したのは富士見町教会であった。礼拝の後私は森先生のことを伺うと、この時も亦懇《ねんご》ろに詳しく道順まで教えて頂いた。小さなことだが、温情溢るる愛の態度が、どんなに嬉しく思われたことであろう。

森先生の角筈新町の御家を訪ねたのはその翌日であった。鹿児島を出る少し前に、森先生が伝道界に立たれたという記事を新聞で読んだことがある。その事を牧師上《かみ》与二郎《よじろう》先生にお話すると「ウン有望な青年伝道者です。先達、東京へ来る学生があったら紹介してくれと言って寄越しましたよ」、只これ丈であつた。別段紹介して下さるでもなかった。お二人の間にどれ程親しい深い友情があるかも承るところもなかった。併し、私はふとこの時のことを思い出してなつかしく心惹かれて訪問したのである。恰度《ちょうど》来客中とて、初対面は僅かに十数分であったが、未だかつて経験しない真実と愛の心と謙遜と人格的な魂の気品とに忘れ難い深い印象を受けた。「小さな教会ですが、どうか同情を以てお助け下さい」、斯様《この》に仰言《おっしゃ》りながら、田舎出の青年を鄭重《ていちょう》に玄関まで送り出して下さった。やがて私は本郷帝大青年会館から中渋谷教会の礼拝に出席するようになった。当時教会は現在の会堂の直ぐ近くにあったが、平家造の小さな人家であった。多くて三四十人位の集会であったと思う。先生の説教は深刻に罪の問題に触れたものであった。罪の苦悩の自覚と経験なくしては、基督《キリスト》の十字架の福音の恩恵に与ることは能《で》きない。けれども、自ら抱く罪の苦悩の只中に在りては、神の言《ことば》は恐ろしき審判の剣《つるぎ》であり、全き死の宣告である。私には救《すくい》の喜びは与えられずして反《かえ》って深刻な罪の苦悩に投げ込まるるばかりであった。懊悩の極みは憂鬱病者とならざるを得ない。凡《あら》ゆる青年らしい歓びも、朗かさも、快楽も、熱情も全く奪い去られて了《しま》った。暗い日が続いた。神の光を求めつつも自己の生を呪う魂で有った。霊肉の矛盾は激しく相剋して、健康を苛《さいな》むのであった。学業にも興味は失われ、懐疑と苦悩とが不可抗的に失望の淵へと私を駆《か》り立てるのであった。最後の誇りとして存していた生来の自尊心すら無慚《むざん》にも微塵にも打砕《うちくだ》かれてしまった。最早《もは》や生ける屍の如くに私は健康を害《そこな》い、気力を失い、運命の力に圧《あっ》せられて破局を待つより外《ほか》なき思いがした。自然、私は友を離れ、教会を遠ざかり、孤独を求めて行かざるを得ないのであった。

街路樹のプラタナスの葉も枯れ落ちて秋もさびしく更け行く頃であった。孤独と静寂とを求めて、私は本郷から四谷に移って居た。それは新宿御苑の森蔭で、窪地に立った小さな薄暗い家であった。裏には小川が流れていた。或る夕方突然森先生が私の下宿を訪ねて来られたのである。驚きと不安とに困惑した心持ちで私は黙って先生と対座していた。

「人生は寂しいね!」、沈痛に一つの言葉が私の胸に深く響いた。確かに一度罪を自覚した魂にとりては人生は実に寂しい。それは欺き得ない真実なのだ。「……だが孤独は罪を孕《はら》むよ」、また も次の言葉が私の心臓を刺し貫いたのである。内的な矛盾に苦しむ私には罪に対する神の怒りと審判との外には何物も感ぜられないのであった。神が愛であるべきは観念し、理解し得らるることではあるが、私に対する神は聖にして恐るべき審判者であった。私はこの恐るべき神を呪うことは出来ない、反って自己の罪を呪わしく思うのであった。これまでどんなにか罪の赦を求めて基督《キリスト》の十字架を仰いだか知れない。確かに私は既に十字架の基督によりて一度救を実験していた。けれども今は再び、自己の罪を識《し》る良心の苦悶に堪えがたく神の審判の恐怖に絶望を感ずるのみであった。先生と対座していると息詰る様な重くるしい不安があった。「基督が吾々《われわれ》の様な卑しい罪ある者のために十字架の上に贖罪の血を流して下さった………基督が我々の凡てを知り尽くして尚愛して下さるのだから実に勿体ない事です」、先生の声は感激にふるえていた。私の眼から鱗《うろこ》が落ちた様に止めどなく涙が溢れて啜《すす》り泣いた。私は私の罪のために十字架に架り給える基督《キリスト》を見上げた。基督が十字架の死をもて、私の罪を贖《あがな》って下さったのだ。私の罪は基督によって神に赦されている。私のすべてを知り尽くして基督が尚も顧み愛して下さるのだ。私はこの瞬間、基督の十字架に於て注ぎ給う限りなき神の恩恵がわが心に溢るるを覚えた。

私はお送りしながら先生と並んで千駄ケ谷駅の方に歩いていた。澄みきった空には月が上って、御苑の欅《けやき》の梢《こずえ》に懸っていた。先生はふと足を止めて言葉をかけられた。「君、ほんとうにお互いに友達として確《し》っかりやろう。吾々が友達になるのは、何も学問があるとか、能力が優れているとか、品性が立派だとか、人物が偉いとか、然う言うためではない……」、静かな、けれども真実な愛に充ちた言葉が、固く自己に閉じ籠《こも》った魂を奥底から揺り動かすのであった。自己をも友をも全く信じ切れない迄になっていた私に、斯《か》くまでも人格的な信頼を投げ懸《か》けられた先生の愛が、私の魂を全く基督に捉えて了《しま》った。この時以来私は基督者の友情を新たに意識するようになった。愛は何のためにも利用してはならない。他の目的の為に手段に用いてはならない。愛は愛そのもののために愛するのだ。基督を愛する外に基督者の愛はない。私のない友への真実な心に於て基督に捧げられた愛こそ真の友情である。

かつて罪を悔改めた一人の友に対して、「君が世界中の人に捨てられても、私は最後まで君の味方だ」、斯《こ》う言われた先生の言葉が今再び私の胸に蘇ってくるのを覚ゆる。

〔第13号、一九三四・三・一〕

森先生の追憶（目白町教会 森先生記念礼拝に於ける談話の一片）

山田　松苗《まつなえ》

主イエスを失った弟子達は世界から光明が消え失せて心の世界に暗黒の帳《とばり》が深く垂れ下った様に感じた。天照大神《あまてらすおおみかみ》様が天岩戸《あめのいわと》に隠れ給うて世の中が真っ暗になったと日本歴史に有るのも同様の心の経験を述べたものでは無かろうか。其後主の弟子達は共に集っては主に就いて語ったが、それはただに過去追憶の儚《はかな》い喜びに過ぎなかった。主の復活に接して始めて枯野に春を迎える喜びを経験し、信仰と希望と生命に蘇ったのである。私共は先生を失ってより此《この》事を思った。森先生を中心に集った青年男女の信仰の意気は盛んであった。先生と共に時間も健康も室も主の為に喜んで献げた。苦痛さえ寧ろ喜びであった。先生の御昇天［ママ］後は先生に就いて語る事が私共の喜びで有ると共に信仰の励ましとなった。

虚弱な先生の病床は常に学問の研究室であったと同時に健康で通学の出来る人々の幸をつくづく羨《うらや》まれた。「僕は学校へ行かないので友達が無くて淋しい」「然《しか》し大学生が一年間で学ぶ事は独学では二三ケ月で出来るね」之は先生の述懐である。先生の病床の教室は病と研究との戦いであった。其為に精魂を傾け尽された。そしてあらゆる方面への研鑽は日に月に進められて行った。十七、八歳にして既に自由に洋書を読み、文学に哲学に科学に音楽に其止《とどま》る所を知らなかった。

先生は学問芸術に非常な才能を持って居られたと思う。然し更に驚く事は先生の非凡な直観力である。先生は誰をも一見して其人物を見抜く深い洞察力を持たれた。或時《あるとき》は一時間程対談して久しく交る友人さへ知らなかった過去の精神的異状を見出され、或時《あるとき》は先生の禁を犯して友人を訪問し、そしらぬ顔をして先生の前に出た人を観破《かんぱ》された。之は当時私共の中での迷《まよい》であった。また先生に何かを訴え何かを相談しようとする者も、大方先生の前に坐っただけで多くを語らずとも心を安んじ重荷を下した心地になって辞し去ったものである。物の姿の奥に流れる意味の世界、之を悟る事が信仰の奥儀である。神の啓示は暗示の中に其姿を現し給う。故に之を読み得ない人は浅薄なる現実主義者となってしまう。信仰は畢竟《ひっきょう》現実の姿の奥に秘められた神の創造と支配と、更に恩寵と贖罪とを知る事である。此処《ここ》に大いなる直観力を必要とする。かかる意味に於て先生は生れながらの信仰の人であった。先生は未だ十六歳にして神田の基督《キリスト》教青年会館に行われた基督教大講演会に出席せられ、一夜にして深き信仰の人となられた事も先生の偉大なる直観力の賜《たまもの》である。此一夜の変化、之は非凡なる信仰人の行く道であって我々凡人の道ではない。そして其《その》先生の偉大なる直観力は神に対しては深き信仰となり、人に対しては非凡なる洞察力となり、社会に対しては常に一預言者となられたのである。

先生は病苦の中にあって感謝に溢れ喜びに満ちて常に大きな伝道の幻を画《えが》いて居られた。そしてそれはやがて人の魂を愛する熱情となった。先生の周囲には幸福な人も不幸な人も来た。先生は多忙の中から一人ひとりの最上の友となられた。先生は一人の求道者を導く為に共にヴァイオリンをさえ習わんとされた。

先生の説教を聞く時に、かつて或《ある》町に現われたコロネルクラークの説教を思う。クラークの説教は決して雄弁ではなかった。しかも五〇〇名あるいは六〇〇名の浮浪の徒が熱心と敬虔さを尽して体を前に乗り出して聞き入った。其処《そこ》には他の所に於て見る罵詈《ばり》や嘲笑は露程《つゆほど》も無かった。私之はクラークの日頃彼等浮浪の徒に対する愛と涙とを説教の中から読み取ったが為であった。私共も亦《また》先生の説教の中に、聴衆一人ひとりの魂に対する無限の愛と憂いとを読み取った。更に先生の説教は祈りと信仰と学問とを傾け尽した深い高尚なものであった。初めて聞く者には理解し難き困難さえも有った。然し文字通り体を前に乗り出し頭を垂れ唾《かたず》を飲んで傾聴した。そして神の深き愛と赦しとを説かれる時には男子も女子も感激の涙を流し、時には忍び泣く声さえ洩したものである。先生の説教には型が無かった。「人生は旅である」そんな言葉で初まった事もある。「今朝は暁《あかつき》を告げる鶏の声を聞く迄夜を徹して本を読みあかした」そんな言葉で初まった事も有った。お体のお弱い事を知って居る私共は、自分が昨夜充分なる熟睡を取り心地よく醒めた事を思い出して、非常な懶《なま》け者のような心地がして電気に打たれた様な思いのしたこともあった。

先生は基督を熱愛された如く教会を愛され、教会は先生の生命であった。「どの様な事が有っても譬《たと》え天地が砕《くず》れ落ちても教会の礼拝は休みませんよ。」之は先生の常に申された言葉であった。昔日本の国に於て豊臣徳川時代を通じて基督《キリスト》教に対する迫害の烈しかった時に、神を信ずる人々が土窟の中に隠れ、蝋燭《ろうそく》の淡い光に於てさえ礼拝を欠かす事の無かった事は先生には一つの大きな励ましで有った様である。関東大震災のあの最中に於てさえ、先生は淀橋より徒歩にて渋谷の教会に通われ、其上《そのうえ》常には多く人力車を使用された先生が、薄い草履とステッキに身を托し、肩から水筒をかけ、暑い夏の日砕《くず》れ落ちた市中を日毎に尋ね、信者の家々を求め、教会の礼拝出席を励まされた事は今も記憶に新な事実である。

最後に先生は預言者であった。鋭い正義観と直感力とをもって時代と社会とを見られた。一九二四年、中渋谷教会より発せられた決議書の中には「吾人《ごじん》は事情によりては必ず非戦論を維持せず」と述べられ、日米間に横《よこた》わる暗雲に非常なる憂いを持たれたが、今や其《その》憂いは事実となって現われたのである。

先生の偉大なる人格は、私の人生に於て接し得た三人の尊敬する人格の一人である。

〔第135号、一九三四・三・一〕

ある主に在る友に

本間　誠

図らずも主に在るの故をもて、重ねて共助会に就いてお尋ね頂いたことを心から感謝に存じます。今日は少しく森先生の事を申し述べさして貰いましょう。其方《その》が遙かに尋ねに応えうるかと存じます。先生なくしては共助会は生れて来なかったのです。其《その》信仰も友情も使命も先生によってであります。少しでも多く先生について識って頂くならば、それ丈《だ》け共助会の志のほどもうなずいて頂けると思うからです。併し先生の更に広い深い点については他の同志達から是非お聴き下さい。私は先生の一方面を、而も極くありのままの感想しか申上げる力がない。もし少しでも先生を識らるる端緒ともなるならば非常なよろこびに存じます。

第一に、先生は基督《キリスト》のよき漁人《すなどりびと》であられました。先生に接し行く魂は驚くほど基督へと引き寄せられて行きました。目醒しい基督への信仰の進歩が見られました。先生におめにかかった者は等しく自分らの如き不束者《ふつつかもの》も、もっと基督《キリスト》に一生懸命にお仕えしようという気持一杯にされるのでした。私達は自分らの信仰上の問題や一身上の憂をもって屡々《しばしば》先生のお宅をお訪ねしたものです。其時も、此の苦しみにも増して、自ら苦しみ私達を顧みていて下さる基督のお心を、しみじみ感ぜしめられ非常な望に立たしめられて御門を出てくるような次第でありました。一々理論をつくして説明して下すったわけではありません。おめにかかっている間に、自然そういう自覚に導かれて行った事と思います。得意になっておめにかかると、帰りには自らの愚かさを基督の前に恥じ、これではならね、もっと励もうという思に迫られた事を覚えています。斯様《このよう》にして先生に接した者は皆自分丈《だ》けが特に先生のお世話になって、めにかけて頂いているとお互に談《かた》り合いながら共に感謝したものでした。いう迄《まで》もなくそれは智慧《ちえ》や力量がおめに留まったという事ではなく、自分ほどの足らないものが、斯《こ》うまで先生にめにかけて頂くとは実に有難い、その信任に対して先生を恥かしめてはならないという思からであります。夫《そ》れ故、私達は深き感謝を談り合いながらお互に基督に仕えて師を恥かしめぬよう励もうという心に一つとなりえたのであります。斯様な事は全く先生自らが、基督に委ねつくして、主の聖愛を感謝し、これに責任を覚えつゝ、主の愛し給う魂のために思い迫らるる先生の信仰より出づる人格の力の故であると存じます。よき伝道者、真の魂の牧者とは斯《かく》の如《ごと》きをいうのでありましょう。仰せの通り時代は容易ならぬ状態であり、殊に基督者自ら顧みて深く恥じまた憂うべき事が多いのですが、併し今特に我らの間に求められてゐるものは、意識すると否とを問わず、実は真に基督を畏れ基督の恩寵を感謝してこれに忠誠をもて仕うる活ける信仰の人ではないでしょうか。また斯る信仰に在る友の交りではないでしょうか。「基督教は何処にありますか」と問うものに躊躇せずして、「来りて見よ、これなり」と指示されうる人格ではないでしょうか。其人格に接するによって基督に顧みらるゝ不思議なる恩寵の感謝と、謙遜に而も雄々しく信仰の戦に出で立たしめらるる経験――友の交り――が欲しいのではないでしょうか。先生はかかる信仰の活ける人であったからこそ接する魂を基督へと躍進せしめられたのではないでしょうか。

第二に、先生におめにかゝる者は罪を深く意識せしめられたことであります。決してお前は罪があると仰せになられたという訳ではありません。勿論余りにも鈍い良心を憂えられ、時には深く戒め反省を促すことを忽《おろそか》にはなさらなかったのですが、先生にお接し申している間に、自分の態度考え計画等が、いかに幼稚であり恥多いものであり乍ら自ら傲慢であり、いかに基督を悩ましまつっているかを次第に自覚せしめられるのでした。之れ丈け罪の責任が痛感せしめられました。信仰がはっきりしないで余計な事を考えている時などは、先生の眼に留まるのが恐ろしく思わず避けたくすらなった事を覚えます。しかも遂にはおめにかゝらずには済《すま》されない慕しさを感じていました。併し先生は、斯くも慕い寄る者でも、必要ならば非人情とも思えるほどにつき離されることがありました。それは、只彼が基督《キリスト》に近づきまつりたい志からのみ先生を慕い、その御交りを求めてくるようにとの愛の苦心でありました。だから先生の周囲に集るものは、単に先生をしたう為ではなくて、基督を仰ぎしたい、基督の贖いの真理を弁《わきま》え少しにても主の聖愛に応えまつらんために先生の御交りを願う者と成り得たのです。茲《ここ》に先生によって示された友情がいかに基督につながる友情であって、世の常のものとちがっているかがわかって頂けると存じます。共助会のものが切に願う信仰とこれに基づく友情とはかくの如きものをいうのです。これは決して容易なことではありません。非常なる努力を要します。併しもし此の様な友が一人にても与えられるならば私達の信仰と生活とは非常なる清さと熱と力とが出で来ると存じます。私達が特に「森先生」を御紹介するのはこの意味で私達の基督への忠誠とその達成の為に与えられられたる信仰の人森先生を私したくないというよろこびの心からに外ならぬのであります。今も若し、先生の遺されしお言葉をお読み頂くなら——例えば「涛声に和して」の始め（森 明著作集一六頁［第二版］）、「霊魂の曲」（同四三九頁［第二版］）——必ず基督にまでつれ行かるるよろこびと戦の力とを得られることと確信いたします。

第三に、先生によって私達は祖国を愛しこれが基督に在って救われんために大なる使命のあることを教えられました。先生は屢々《しばしば》使徒行伝十七章二六、七節を引いて日本が東洋諸民族の間に在って三千年の歴史をゆるされし恩寵と、之に応えて更に基督によって基督のために祖国を光輝あらしむべき責任が我ら基督者にある事とを力説されました。これらは既に手にせられる森 明選集の序文並に先生の「民族の使命に就いて」「世界主義及国家主義に対する基督者の観念」「宗教生活の充実」等の論文に就いて直接御覧頂きたい。時代に対して大兄が胸中に去来していると仰せられた節ぶしに必ずよき指針となるのみならず、共に最後まで基督に在って祖国の救いを冀《ねが》う使命の自覚に導かるることと存じます。

更に、此の救のよって来るべき基督教真理の宣明のために先生がいかに学問を重ぜられたか、申し述べたく思いますが今は力及びません。

とにかく斯様に森先生の信仰・人格に触れつつ導かれつつ遂に共助会は成立するに至ったのでありますす。どうか深く先生を識られやがては同志として共に主に仕えうる日を切に望んで止まね次第であります。

終りに信仰のよき戦いを闘われんことを祈り上げます。

〔第2号、一九三三・四・一〕

魂の人　森 明先生

奥田成孝

一

去る三月五日の記念会の席上で佐伯先生が森先生を世々の聖徒の誰かれに思いくらべられまして、アウグスチヌスのような型の方であったと言えるのではないかと申されましたが、確かにそう言うタイプの方と肯《うなず》かれる面があると思うのであります。其《そ》のように思いますと、深さに於ても勿論でありますが、幅も豊かさも欠けて居《お》ります私の如きものに、深く豊かな師を語る事は出来ないような感が深く致すのであります。結局私の語らして戴きますところは、私の小さい魂にふれた森先生と言う範囲を出《い》でないであろうかと存じます。それは勿論先生の全貌でもないでありましょうし、或は歪められたものでさえあるかも知れないと思うのであります。併《しか》しいと小さい弟子である私の魂が先生にふれ、先生の信仰とその人格、其の愛と友情を通じまして、それを手がかりとしてキリストの人格と其《そ》の愛の交わりの中に入れられ、兎《と》も角《かく》も失せたる魂が人生に望みを見出だし、今かく感謝を以て生きて居るという事実だけは是は誰が何と申されようとも否定できない事柄であるのでございます。

果してこのような席上に於きまして此のような限られた角度から先生に就《つ》いて語る事は許される事か否か存じませんが、今日は後に諸先輩が控えて居て下さる事でもありますので、勝手を許していただきたいと思うのであります。

二

題して魂の人森 明先生と致しました。先に述べさして戴《いただ》きましたようにアウグスチヌスに比せられるべき先生は去る三月の記念礼拝の節の浅野先生の御説教にも説かれてありますように其の中心には福音的信仰に立つ厳としたものがあられた事は申すまでもない事でありますが申し様によっては中々多面的な感を与える方であったと申すことか出来ようかと思います。御承知のように豊かな思想の人でありました。また抱負経綸湧くが如き方でもあったと言えるのであります。而《しか》も単に思想を持ちまた計画性に富んで居《お》られたというだけでなく人を率いて、これを実現するの人格力量をも備えておられたと思います。若し先生をして今日あらしめるならば(三十八歳で逝《な》くなられましたから今おいでであれば五十八歳になられるわけです)、日本のキリスト教界を率い得るの存在となって居られたとは必ずしも私共先生を知れるものの贔屓目《ひいきめ》のみではないであらうと思うのであります。

其《そ》のような先生でありながら私のような失せたるいと小さき魂の前に立たれましてはどうでありましょうか、先生の用いられた言葉によるならば愛の自己制限とでも申しましょうか、失せたるいと小さき魂に直面されたと申しますか、全面的にふれて之《これ》を相手とされると申しますか、兎《と》に角《かく》先生と語って居《お》りますと、私の小さい魂は実に生命の躍動を禁じ難い所の思いを深く与えられたことであったのであります。

世の中には中々思想的に造詣の深い方でありますが、其のような思想的内容の域までこちらの魂の問題が伸び切って居らない者にとりまして口の入れようがなく、ただ語られる所を拝聴する外はないというような感を与えられる場合がよくあるものであります。然るに先生の場合に於《お》きましては失せ、疲れた所の魂が全面的に満たされると言うような感をうけるに止まりませず、自分も奮発《ふんぱつ》して先生に導かれて思想の問題にも自分なりにも一つ思いを致してみたい、また先生の抱負経綸の一端にも携わらして戴《いただ》きたいというような意外な望みが自分の中に湧き出て来る経験を与えられた事であったのであります。その意味に於て私は真に魂を生かす人であられたと言う感を深く覚えるのであります。

三

先生は果して此のような人格の世界の消息を、何処から得られたのであろうかと言うことであります。勿論先生には天与《てんよ》の賜《たまもの》として人を入れこれを生かす器の大きさがあられたとも言えると思うのでありますが、併《しか》しその天与《てんよ》の賜《たまもの》を真に生かし、深きものとして大成せしめたものは申すまでもなくキリストの贖《あがな》いの恵みに生られると共に主がその接する魂に対してとられた御態度、それに実に深く注意を向けられて、その消息を探り求められ、単に探り求められただけでなくしてそれを血みどろになって自《みずか》らその跡に従って生きられた、そう言う所に先生の深い所があったのではなかろうかと思うのであります。先生の文集の一節に「キリストの愛は人間性を根柢より覆《くつがえ》して新にする、イエスに対して純粋の態度を取ると否とが根本の問題である。されば血塗《ちみど》ろになられし此のキリストが如何に近く在し給うか、自らキリストの御恵に溢るる体験を以て勝利の生涯を完了したい。かよわいイエスは大祭司となられた。我々も亦《また》そうあるべき筈だ」斯《こ》う申されて居ります。其《そ》のような意味に於て敢《あ》えて先生の人格的態度というものは必ずしも先生の独創でも工夫でもないということが言えようと思います。併《しか》し私共イエスに従って多少でも其《そ》のような人格的な世界の消息が分るにつけましても、それを私共の人格生活に生きるとなりますと、実に容易ならざる事だと言う感を深く致すのみでありますが、実に先生はその点をよく祈り戦はれ血塗《ちみど》ろになって自らを主の前に聖別されて行かれた方であったと言うことを非常に深く私は思うのであります。

私は先《さ》きに先生の信仰とその人格、その愛と友情とを通じてそれを手がかりとして主イエスの人格とその愛とを理解し、その交りの中に入れられたと申しましたが、確かに私にとってはそうでありました。

私は或る時期の間森先生の御諒解《りょうかい》を得まして内村鑑三先生の教導を受けて居りました。其《そ》の事は私にとりましては終生の感謝でございます。併《しか》し斯《か》く小さい私の魂に内村先生に依りまして示された福音の真理性が生命となって、生きて参《まい》ったに付《つい》ては、森先生に限りない感謝を捧げざるを得ないのであります。此の事は内村先生に御責任のあることではありませぬ。唯《ただ》私の経験上そうであったと申すに止《とど》まります。当時内村先生の集会には只今《ただいま》ロマ書の研究として残って居りますが、毎回八、九百人という多数の人々が出席しておった関係もあったでありましょうが、兎《と》も角《かく》私にとりましては内村先生に依って示された福音の真理性が本当に私の生命となって私の魂の中に根を下ろした其《そ》のことに付《つい》て私は森先生に限りない感謝を捧げざるを得ないのであります。

其《そ》の辺《あたり》の消息に付いて「真理を活かす能力」という短文は私にとりまして繰返し読んで深い感銘を受けるのであります。「人生は真理の指示のみでは終《つい》に生命と成り得ないという事実である。其《そ》の一つの場合を云《もう》すと真理であるという一つの自覚を得ても之を私達の生活に実現する事は不可能である。実現の出来ない真理は価値となり得ない真理で、従って死せる真理である。真理の理想は死なないが実現の出来ぬ真理は死ぬのである」。また

「真理は人格に密接な関係がありながら人格ではないから義務の観念だけが働けば真理は生きるものとは言えない、強いられた真理の実現には生命がない、真理は愛によって温められることによって初めて生きて来る愛の精神に深められたる人格的努力が真理を生かす力となるのであ

る」斯《こ》う申され居ります。また

「生かすこと能《あた》わざる所の真理は私達に死を宣告しキリストによつて私達は真理に充てる永遠の生命に入ることが出来る。真理を生かすものそれは唯一人キリストあるのみである」斯《こ》うも申されて居ります。

真理を活かす能力、根本的には先生が申されたように一人キリストあるのみであります。併《しか》し以上申したように私にとりては森先生はこのキリストへのよき道しるべとなられ、手がかりになられたと言うことが申されるのであります。

四

然らば如何なる点に於て先生は私にとりキリストへの道しるべとなられたのであるか、また手がかりとなられたのであるかと言うことを述べさして戴《いただ》きたいと存じます。それは先述のように主イエスと弟子との人格的な交りの中に其の消息が示されて居ることであります。私は其の点に付きまして先生を思うにつけて深い感謝の心を禁じ得ないところであります。

嘗《かつ》て先生との或る会話の節に何故に主イエスを信ずるかと言う話が出たことがあります。其《そ》の時に先生はあの主をなつかしむような、うるんだまなざしを以て「主がそうすることをのぞみ給うからだ」と答えられたのを覚えて居ります。如何に先生の恩寵の経験が愛の純粋性の深みにまで聖別されて居たかを深く思うのであります。

小選集の中に収録されて居る「新約聖書に於ける耶蘇基督《イエスキリスト》とその弟子」という一文を見ますと主イエスと弟子との人格の世界に於て愛の純粋性という点が繰返して説かれて居《お》ります。此の一点こそ私の如きものが先生に見出され、また先生に導かれてキリストに救われるに至った点であると思うのであります。

大変引用文が多くなりますが只今申上げました「新約聖書に於ける耶蘇基督《イエスキリスト》とその弟子」の文中から少しく拾って引用して見ますと、

「茲《ここ》に大切なことは大勢の中より殊更《ことさら》に愛する十二の弟子を選ばれた意味である……役目の為めではなかった。マルコ伝にはそのことが書いてある。それは彼らを己と偕《とも》に居らしめる為めである。即《すなわ》ちイエスの在《いま》す所にはいつも彼等を共に在らしめん為めであった」また

「イエスが彼らを訓練したのは後の事業を継がせる為めではなくまた伝道の機関或は手段

の為めでもない。イエスは弟子の魂そのものを愛されたのである。夫《そ》れは根本的なことで耶蘇《イエス》は罪あるものを愛され彼らの如き者も御側《おそば》に居なくては淋しく思い給うたのである。イエスは我らが教会の事に熱心なるよりは寧《むし》ろ霊《れい》と真《まこと》を以て拝することを喜ばれる。本当に耶蘇《イエス》は吾々を手段の為でなく愛され只《ただ》御自身と共に置かれるのであった」

斯《か》く読んでしまえば何の変哲もないことでありますけれどもただ相手をその魂の故に愛することは如何に困難なことであるか、言葉は不適当であるが、有《あら》ゆる事業の中に於て最も忍耐を要し、私共の力に余る困難の事業であるということが言えると思うのであります。自らの対人的な、人格生活関係を顧《かえり》みて見ますと、如何に猫の目の変る如く、私共の対人的な態度というものが変り易いか、商取引の如く相手如何によって変る事でありますか、そういう事を考えますと、如何に私達の魂を其の人の魂の故に深く愛されたという事はえらいことであったと深く思わさしめられるのであります。如何に先生は主イエスの愛に生きそれにならって私共の魂をそれ自身として愛し尽されたと言う感を非常に深くするのであります。

されば次のようにも亦《また》説いて居られます。

「キリスト教は社会改良貧民救済等にあらず之《これ》を以てキリストを利用すればキリスト教を

害するものキリストに弓を引くものである……キリスト者はキリストの為めに生きねばならぬ。本当に斯《こ》う考えるとこの教《おしえ》は愛の世界に於けるもので嬉しさに堪えない」

この愛の純粋性、私は先生のこの人格的態度に如何に慰められ励まされて参りましたか、事は伝道にもせよ、大なる抱負経綸《けいりん》の人としての先生が大いになすところあらんとして人を求められるならば、所謂《いわゆる》有能の人々も更に多く先生の周囲に集められることが出来なくもなかつたであろうと思うのであります。先輩方を前に致しまして此のように申すは恐縮でありますが、先生の周囲に集められた者必ずしも所謂《いわゆる》有能の人が多くあつたとは申せないと思います。寧《むし》ろ多くは肉体的、精神的に傷つき、疲れ失せたる者どもが多くあったのではなかろうか、先生はそれ等の人達に対して渾身《こんしん》の愛を傾けられて、それぞれに望みを与へ志を起さしめ如何にしてもキリストの御用に役立つものとせられたいと祈り戦われたことと思うのであります。

このような事を思うとき、洗礼者ヨハネの問いに答えられた主イエスの御言葉が感銘つきず読まれて来るのであります。

「ゆきて、汝らが見聞する所をヨハネに告げよ。盲人《めしひ》は見、跛者《あしなえ》はあゆみ、癩病人《らいびやうにん》は潔《きよ》められ、聾者《みみしひ》はきき、死人は蘇《よみが》えらせられ、貧しき者は福音を聞かせらる。おほよそ我に躓《つまづ》かぬ者は幸福《さいわひ》なり」（マタイ十一・四　文語訳聖書　不快語などは聖書記載のママ。）斯《こ》う仰せられましたキリストの御心中が深く偲ばれるのであります。また

「人その友の為めにその生命《いのち》を棄《す》つる、之より大《おほい》なる愛はなし」（ヨハネ十五・十三　文語訳聖書）と斯《か》くイエスは仰せられましたが真に不肖の弟子のために此の御言葉を文字通り生きられたと私は思うのであります。私共京都に居りますものにとって感謝に堪えなかった事は先生の晩年近く、従って先生の健康は既に甚《はなは》だしく失はれて居た頃でありますが、私共両三名のものを先生は深く覚えて下さって遠く京都まで来て下さろうとしたことがあります。併《しか》し御健康の具合は愈々《いよいよ》悪しく、生命の危険をさえ思わしむる節がある程でありました。先般召されました母堂はそんなにまで無理をして京都に行かなくとも宜いじゃないか、と思い止どまられるように勧められたのであります。すると先生は「お母さん友達というものはそんなにどこにでもあるものではないのですよ」と申されたと後に母堂から聞かされました。実に私共はその話を聞いて感激に堪えぬ感を深く致しました。是は独《ひと》り私共だけの事ではなく、先生は一人ひとりの魂のためにこのような愛の真実を傾け尽されたのであります。されば先生に接した誰も感じましたことは、自分が一番先生に労苦をおかけしたと感じ、またしかし一番自分が愛していただいたように感じた事であります。

不肖の弟子である私の魂は此《こ》のような先生の愛と友情に支えられ励まされ、人生に望みを与えられるに至ったのであります。

五

此のように申して参りますと、或《あるい》は聞きように依りますと主イエスにおきかえるに先生を以てしたように思われる方があるかも知れぬと思います。或はまた先生の信仰は福音的であるよりは、キリストにならう倫理的なものであつたように思われる方もあるかも知れませぬ。

確かに以上述べて参ったようにイエスと弟子との人格的な交りの経験を、或る意味で先生と私共との間に経験せしめられたという事が言えると思いますが、決してそれは森先生中心に事がとどまらなかったということであります。其のことに付《つい》ては小さいながらも私共の生涯がこれを証して居ると言えるのではないかと思います。絶えずキリストの聖愛に対して自らを聖別された先生との交わりはいつしか先生の姿は背後に退いて、私共の魂の面前にはキリストの姿があざやかにならしめられつつあったというのが私共の経験であったのであります。

先生の信仰が福音的であったか、倫理的であったか、是は多く私は言葉を費す必要はないと思います。三月の浅野先生の御説教の中にも「他人が自分よりキリストにより愛されて居ると思うと嫉妬を感ずる」斯《こ》うまで森先生は言われたと伺います。どのようにか此の言葉を伺う時にキリストの深き愛の中に生きて居られたかということを思います。そのキリストの聖愛に対する重き責任の心より必然倫理的にみゆる姿が現われ出て来るということは申すまでもないことであろうと思うのであります。

六

私はなお以上のような先生の弟子の魂に対せられる当然の結果として驚くばかりの忍耐深さを以て私達の為に教育的な労苦を負われた事について語りたい感が致しますが、時間がないので差し控えたいと存じますがただ一言申して置きたいと思います。先程申した「新約聖書に於ける耶蘇基督《イエスキリスト》とその弟子」の中に斯《こ》ういう一節がございます。

「イエスは人格的にヒントを与え自ら悟るところの方法をとられた」

とある。それにつきこのような事を言われたことがある。「今話してすぐ解ったと言うのは本当の教育でない。数年して先生のかつて言われのはここだなと膝をうつ、そのようにするのが真の教育である」と先生は申されました。従って或る事につき先生に御相談を申したような場合、みる目を以てみれば先生の面持《おもも》ちに先生の御意中はよめる事ですが表面あらはれる先生のお答えには、はっきりしないと思はれたような場合がある。かくかく思いますが如何でしょうと申すとそれもよからうといわれる。また時をへて先般の件はかくかくに致そうかと思いますが如何でしょうかと申すとそれもよいだろうといわれる。その場合先生の私共にのぞまれているところは先生に於てははっきりときまっている。しかし先生は私共が自ら思慮してその先生の望まれるところに気付き自らその道をえらびとるようにと祈りまたれるのでありました。其のような態度を以て私共を導かれたのであります。それを思います時に、先生が如何に私共の自覚を重んじて如何に深い忍耐と愛とを以て私達を導かれたかと言うことを私はしみじみと思わざるを得ないのであります。

斯《か》くして先生は私共を生かし、キリストの御用の為めに、祖国の為に用いんと望まれたのでありります。私の如き不肖の弟子にも先生の望み、期待される所は決して小さくございませんでした。併し二十年を隔てまして余《あま》りにも答えるところなき身をただ恥しく辛く思うのであります。私は先生の涛声に和しての一節を引いて終りたいと思います。

「私はよい先生、良い友を与えられて居る。せめて彼らの為に祈って生を終るまで忠実でありたい。そのことだけは私が終生為し得らるる事業であらう。而《しか》して罪に苦しむ人の為に、世に知られない友の為に只《ただ》神の御前にのみ」私はこのまた先生の精神にふれて再び立ち上がらしめらるる思いが致すのであります。時代が実に切迫して参りました。実に世の暗さを思うの感が深うございます。人の心も疲れ傷つき失せて居ると言う感を深くするのであります。私は様々の観点から此の時代先生を思うの感深くまたそれ等に付《つい》ては後に先輩の方からお話があると思いますが、魂の人森 明先生、血塗《ちみど》ろになって、慰められ、励まされ人々をふるいたたしめた魂の人森 明先生、此の先生を今の時代に思うの感が深いものがあると思うのであります。

〔第137号、一九四四・七・二〕

断片三つ ——たよりにかえて——

小塩　力

＊

嘗《かつ》て左翼のすぐれた謀将として知られ、ちかく明治最大のロマンティケルの一人といわれる天心に鼓舞されて文化日本論をものした浅野 晃(1901~1990)がこういっている。「……それ故、われわれは、周囲を顧慮することなく、独りの途を独り歩めばよい。われわれは世俗から一見あまりに遠くかけ離れることを少しも恐れることはない。われわれは、自己の途を、そういうもので計るのではなしに、われわれの内なる民族のカオスへの献身によって計ればよい。

われわれは自己の自覚を日本の自覚と信ずる故に、独り歩むべきである。民族のカオスを信ずる故に、他の独り歩む者らを尊敬すべきである。われわれは、また、幾多の克己と忍耐とを要求される。が、それらは凡て、いつの日にかわれわれ東洋の歌が、一大合唱となって、人間の世界の天高く響きわたらんがためにである」と。

福音にとらえられ、宣教の使命に鼓舞されておる筈の我々に、これ程の確信と鮮々《あざあざ》しい幻もないとは恥ずかしい。勿論、愈々《いよいよ》罪の深いところに恩寵もいやますことを身を以て証せねばならぬものとして、我々の信と望とを縫っている痛傷の基線をおもわぬではない。アジアの理想と幻の歌は、我々に於いては、必ず変曲せられて、罪の赦の感謝に主題をゆづらねばならぬと信ずる。にも拘らず、我々は憂える。我々の鈍さと怠りの故に、時代の流の激しさについてゆきかねる為に、我々の讃歌がか細く、我々の幻が脆いのではあるまいかと。否！　と、我々は、十字架と復活の主のもとに立って、真に叫びたいのであるが。

＊　＊

暇を得て、街のはづれの丘にのぼった。淀んだ池がある。睡蓮《すいれん》が白・赤・黄と咲いている。蒲の穂が豊かにふくらみ初めて、太古の趣を感ぜしめる。中華人某がここを小湖天と名づけた由。丘の麓の竹群がすばらしい。地味と肥料のせいで色・形・撓やかさに相異はあるが、一群として風にそよいでは清爽の気を発する。中腹から上に、巨巌大石が黙坐していて、これを囲んで杉、樟、そして松が。松でくぎって碧空《あおぞら》である。臥して唾（原文ママ）の如く、漂泊の雲をみていると、飽くことをしらない。竹林の清々しさが疲憊《ひはい》（疲れ果てて弱ること。疲労困憊。）した身を包み静めてくれる。あああ何という懐かしさであろうか……ふと声にもれたとき、追われる者のように、下界におりた。

Πάντα μοι ἔξεστιν ἀλλ᾽ οὐ πάντα συμφέρει·
πάντα μοι ἔξεστιν ἀλλ᾽ οὐκ ἐγὼ ἐξουσιασθήσομαι ὑπό τινος.（前コリント六・十二）

＊　＊　＊

ちょうど今頃であったろう。軽井沢でえらくいい修養会があるから是非行こう、と鈴木淳平が強いるようにしてさそってくれた。篠ノ井の駅で待つ間、暑い陽なかを散歩して、学童の野薔薇の歌などに感傷をもようしていると淳平先生は木株のように歩いていった。大城俊彦のほか松本教会の人々が数名別行動で参加した。

軽井沢一帯の風景は心に沁みた。修養会の意図の大きさと厳しさとにうたれた。まだ一燈園の魅力が仄《ほの》かに自分の心を包んでいる頃だったので何か異邦に迷いこんだ気持ちもした同行の誰かと、こりゃあ僕等の来るところではなかったなあ、と言いあった記憶がある。それは会の全体を通じて、青年学徒に伝道者たるべく迫り訴えることを、主眼としていたからであったろう。

それでも、田舎者らしくおどおどしながら植村正久・洋行直前の高倉徳太郎其他諸先生の講演を努力して噛るようにして聞いた。ただ全員の野外親睦ティー・パァティーには、ぎごちなくて、どうにもかたがつかなかった。淳平先生だけは、それでも、後年の外交的素質の片鱗を示しかけていたようだった。

第三日であったか、伝道者となった経験を語る、という意味の時間があった（これは毎日あったようにも思う、記憶が明白でないのだが）。この時はじめて森明先生の風貌に接した。

ややピッチの高い、モノトーンともいうべき声音が異常な（実際僕は異常と感じた）圧力をもって僕の魂にぢかにおしよせるのである。僕は、少し大げさにいえば、机にしがみついて、満面朱をそそいで迫るこの威圧に抗していた。何をいわれたか、少しも分らない。殆ど理解を絶して、ただ焔のようなものがあふり迫ってくるのであった。後で考えてみれば、先生が召命をうけられた経路と、伝道者たるの光栄と歓喜と使命とを、説かれたのだと思う。しかし僕にはその時、ただ重圧と畏怖とが感ぜしめられた。

僕は、このお話が機縁となって信者となり伝道者になった、とはいわない。しかも生涯に忘れ難い出来事であった。そして、今、あらためて伝道者の光栄がいかばかりであるかをおもうのである。その業の労苦、その果の敗惨にも拘らず、僕如きものも優秀な学徒青年の前に敢えて立って、是非とも伝道者たれと訴えざるを得ない心地がする。極言すれば伝道者でなければともに談ずるに足らぬ、とさえ思うのである。

この思い出の修養会に叫ばれたときの先生の齢を、自分は恥ずかしくも越えたらしい。

——一九三八・七・二〇——

〔第67号、一九三八・九・一〕

書斎の先生

浅野順一

書斎の先生と言っても、私は先生と起居を共にし先生がその愛する書斎で如何に勉強せられしかを親しく目撃せし者ではないから、そのことを述べるのではなく、書斎をめぐる先生の追憶、言いかえれば読書家としての先生を断片的に書き綴る迄である。無論私の叙述には主観的な要素があり、事実にそぐわないものが多いであろうが、御寛恕を先生にも読者にも乞うておかねばならぬ。

角筈《つのはず》の御宅に於て先生の書斎はたしか二階の六畳の部屋であり、西向の為め夏は相当暑苦しかった。その故か先生はよく同じ二階の十畳の客室で読書せられて居ったようである。初対面の人は仲々此の書斎に招ぜられなかったと思う。私の如きも先生との交りが大分親しくせられてから始めて此処《ここ》に通された。その時の子供らしい得意と満足とを今でも微かに覚えている。先生の清く深く大きな友情は未見の友をも固く抱擁する不思議な力を持っていたが、同時に先生は何もかも最初から曝《さら》け出すような無様な交友の態度を決してとられなかった。先生との交際浅き者は、先ず下の応接室か二階の客室で書斎より出て来られる先生を待たなければならない程に慎み深い方であった。

ケーベル

ベルグソン

植村正久

先生の蔵書は殆んど英書であった。晩年に独逸《ドイツ》哲学の研究などせられたが、独逸書は極く少く数える程しかなかった。書斎の壁には之等の書物がぎっしり書棚につめられていた。当時中学生であった私は先生の書斎に無限の羨望を感じたものである。机上の壁間にはゲッセマネの園に於けるキリストの像がかけられ、机の両側の書架にはケーベル（1848~1923）とベルグソン（1859~1941）との肖像が飾られていた。先生はケーベルの人格や学風にいたく私淑《ししゅく》せられていたようである。此のギリシヤ的教養の豊な基督《キリスト》者の老哲学者は先生のうちのある深いものと一味相通じていたように思う。英知そのものの如きベルグソンの肖像も先生の読書の一面を無言の内に語っている。先生の書かれたものを見ても解る通り、先生は決して窮屈な神学研究家ではなかった。何処迄も純粋に福音的なる信仰を把持しつつ、また異教文化に対しても常に深い理解を開拓すべく努力せられた。何故もっと基督教的聖徒の肖像を掲げられないのであるか不思議に感じたこともあるが、キリストと共にケーベルやベルグソンが先生の書斎の空気をつくっている処に先生本来の面目が躍如として現われているように思う。ベルグソンと共に先生が推賞してやまなかったオイケンの写真が飾られていなかったのは何故であるか、深い理由は解らないが此の辺にも先生の心胸の一端が窺えるように思う。

先生の読書は驚くべく多方面であった。此のことは先生の恩師故植村正久先生の感化にも負う処《ところ》大であろうが、先生本来の傾向が然らしめたのであるとも考えることが出来る。自然科学特に生物学・哲学・文学・神学・政治・法律・経済・社会問題等文化の各方面に亘っていた。先生程キリストに対して純粋なる愛と確固たる節操とをささげし伝道者は稀れであるが、先生の勉学は決して神学固有の領域にかぎられず文化万般に対し広い興味を感ぜられ、而も先生は驚くほど速かに問題の中心を看破せられた。夫故《それゆえ》先生の眼界は広くあったがその理解は決して浅薄に流れることはなかった。先生の直覚力《ちょっかくりょく》の鋭さは問題の要点を適確に握り、能《よ》くその判断をあやまらなかった。此の点に於て先生は殆んど天才的であったと言っても決して過言ではない。先生の勉強振りは決して所謂《いわゆる》学究的にこつこつと積み上げる風ではなかったように思う。

先生を訪問する者は必ず好学の精神を刺戟せられて帰るを常とした。不勉強な我々は全く先生の前に頭が上らずに恐縮したものである。今にして思えば多忙な牧会、病弱な肉体の先生にして此の努力は決して並ではなかったことが深く感ぜしめられ、自分の怠慢を恥じずには居れない。先生の独学はあまりにも有名であるが、文化人としての教養に於て何人《なんぴと》にもひけをとらず、此の点に於て後輩をあやまたしめざるのみか正しく我々を誘導し得たのは実に先生の信仰と天禀《てんぴん》（天から授かった資質。生まれつき備わっているすぐれた才能。）と努力との賜物であった。先生が少年時代英語を修得すべく病床にて数冊の辞書を引きくずした話は、先生自身の口から一回ならず伺ったところである。

独学の先生は教育に対して特殊な興味と憧憬を持って居られた。「諸君は高等教育を受けて居られて羨ましい」とは先生の唇に屢々《しばしば》のせられた言《ことば》であり、その度毎にそう言われる我々の方はあまり学校教育の恩恵を感じなかったのであるが、先生は心から我々の持てる貧弱な学問上の財産に対し敬意を払われたようである。独学者の持つ共通な瘠我慢《やせがまん》や、ひがみの如きものは先生には露ほどもなかった。我々如き何も解らぬ学生に対してさえ、その方面を学ぶためには如何なる書物を読むべきか、謙遜に教えを請われた。

先生は必しも莫大な蔵書家ではなかったが愛書家であった。新しい書物を購入せられし時などは心から嬉しそうにそれを何処へでも持ち運んで読んで居られた。講壇の上にさえ先生は屢々《しばしば》新刊書を携えて上った程である。一面先生には老成の風があると共に実に無邪気なその半面をもありのままに我々の前に示された。また先生は自ら各方面の書物を蒐集せらるるのみならず、良書を購うことを後進にもよくすすめられたものである。

夏休の前など先生は講壇から夏休中に読むべき書物を約二十種もプリントにして紹介せられたりした。先生の説教は決して平易ではなく、先生の信仰と人格とを慕って来会せし中年以上の人々は屢々《しばしば》困られたようである。先生の説教は一面非常に詩的な情操に富むと共に、他面極めて論理的なるところがあった。併し両者は不思議にも先生の人格の内に調和され不自然な感を少しも聴く人に与えないのである。先生の人格の奥にかくされたる二つのものが、その説教の内にも能く現われていたように思う。先生はあくまでもその説教を通して我々にキリストの人格に対して聖き愛と忠節とを抱くことを促されたが、同時に盲《〔ママ〕》信的な信仰を喜ばれなかったし、先生は独断はきらいであった。人の理性をも感情をも意志をも、換言せば全人格を生かしむる意味に於て健全なる信仰を提唱せられた。贖罪の真理は最も深きところに於て科学の真理とも哲学上の真理とも矛盾しないものである、とは先生の動かし難い確信であったようである。幾多の困難をも承知しつつ聖書の奇蹟、例えば処女降誕の如きを科学的に説明しようとせられしはその一例である。先生の遺著『宗教に関する科学と哲学』は学問的に見て尚不備な点が多かろうとも、序文にも記されてあるように、先生の真剣な研学の産物である。

先生は時代の思潮に敏感であり、時代の先を先をと前進せられた。当時は生命哲学の全盛時代から移って理想主義哲学の勃興期に入っていた。先生の口からは屢々《しばしば》ウィリアム・ジェームス、オイケン、ベルグソン、ロイス後にはウィンデルバント、リッカート、コーエン等の名前が講壇からも個人との対談中にも挙げられた。社会思想の方面はその頃は揺籃期であって、サンジカリズム（syndicalisme フランスでは一般的な労働組合運動ないし労働組合主義をさす。他の国では、主として無政府主義と結び付いた革命的労働組合運動ないしその思想をいう。）も共産主義も社会民主主義もその区別が一般には未だ判然としていなかったほど幼稚であった。先生は生物学や心理学の研究から生命哲学に入り、更に新カント派の哲学へと移って行かれたが、併し此処に安住して居られた訳ではなかった。斯く先生に於ける研学の巡礼は、所謂《いわゆる》思想の流行を追う意味では毛頭なく、如何にせば現代人の意識の内に基督教の真理を鮮明にし、確実にし得らるるかが先生の努力の中心であった。真理を真理として研究することを常に主張せられつつ、而も先生の勉強の動機は深い意味で伝道的であったと思う。そして先生に於て真理探究と伝道とは矛盾せざる観念であった。何となれば先生にとりキリストの受肉と贖罪とは真理中の真理なりとの確信が厳然として存在していたからである。

　マルキシズムに対しても先生は早くから着目して居られた。先生は我々如き無学の書生に此の問題につき研究し教会に於て談《かた》ることを命ぜられた。私は研究発表の代りに、スパルゴーの「マルクス的社会主義と宗教」を紹介せしところ先生は非常に喜ばれ、或る雑誌に掲載せよと言って薦めて下さった位である。また先生は原始基督《キリスト》教会の共産体にも深い興味を感じて居られたようである。

如斯《かくのごとく》先生は正統的なる基督教の真理に固く足をふんばりつつ、而《しか》も進歩してやまざる自由な思想家であった。先生自身が之を研究するのみならず、後輩をして研究せしめ、その不完全、不徹底極まる結論をも謙遜に熱心に傾聴せらるる真剣さと雅量《がりょう》とを持って居られた。

先生は宗教のみならず文化のあらゆる方面に於いて諸家の説に学ばれたのであるが、併し先生は決して単純なる祖述家ではなかった。先生の本領は寧ろ独創的なる思索家たる点にあったと思う。先生に対する植村正久先生の感化は最も著しいのであるが、此の傑出せる弟子は彼の師のもてる最も貴きものを最も良く生かすことによって師を恥かしめなかった。先生に於て生物学・心理学・哲学・社会思想の研究は決して無目的無秩序な智識の蓄積ではなく、文化の利器を用いて基督《キリスト》教の中心真理を証明せんとする不断の努力であった。斯《かか》る考え方が今日の神学的傾向から見て妥当ならざる方法であるか否かは暫らくおくとして、当時の日本の基督教会に於ては独自なる地位を占める思想的系統であったと思う。此のことは『森　明選集』中の「キリストの人格及位置」(一七二頁〔第二版〕)と「文化の常識より見たるキリスト教の真理性」(一〇八頁〔第二版〕)とを比較して読まるるならば一目瞭然である。その構想に於て両者は殆んど同一であるが、先生が伝道を開始せられて間もなく筆をとられし「基督論」とその絶筆たる「基督者の真理性」との間にはその内容と文体とに於て非常なる進歩と発展のあることを容易に看得することが出来る。十年間の先生の伝道と研学とは、思想の骨をしてますます逴《たく》ましくせしめ、その肉をしていよいよ豊富にせしめた。如斯《かくのごとく》先生の眼底に映ずる領域は広くその関心は多方面であったにかかわらず、その帰着するところは一つであった。先生の思想に独自性あるは、文化のあらゆる諸問題が結局キリストとその十字架の真理に帰一せしめられていた点に存する。而も先生に於てその連関は少しの無理もなく不自然もなく、その説教を聴く者、その文章を読む者をして成程と首肯せしめずにはおかぬ程に人格的深さと豊かさとによって潤《うるおい》あるものとせられて居た。

欧州大戦後世界の変動は激しい。その千波万波を敏感に感ずる日本の思想界は先生逝去後特に変転きわまりなき昨今の有様である。先生今生きて在まさば、と思う者はあながち私のみではあるまい。先生の信仰は醇化《じゅんか》（純粋なものにすること。）してやまずその思想は進歩してやまぬものがあった。今日の危機神学と之に深い関係を持つ存在論的な哲学とに対して先生は如何なる態度をとられたであろうか。現今の社会不安、共産主義やファッシズムに対しては如何、特に満洲問題をめぐる国際連盟の論争に対して先生の見解はどうであろうか、之等《これら》は我々が切に先生から聴きたいと思うところである。特に諸問題益々輻湊《ふくそう》（物事がひとところに集中し混み合うこと。）し危機益々切迫していよいよ沈滞し無気力になりつつある基督教界に対し、天にある先生は如何ばかり悲痛な感慨を持ってキリストの前に立ち、深き責任を感じて居られることであろう。ウィルソンの政治的理想主義を支持して国際連盟の将来に大なる希望を嘱《しょく》せられし先生、北米合衆国の日本移民拒絶の法案の通過せる当時愛国的熱情より病床に奮起せんとせられし先生を憶《おも》うにつけても、国の為にも我等のためにもあまりにも早く逝かれし先生の死を残念に思わざるを得ない。

「文化の常識より見たる基督教《キリスト》」が未完成のまま残されたように、先生自身もまた小さく完成せる人物ではなかった。三十八歳にして完成すべく先生の天資《てんし》（生まれつきの資質。天性。天稟。）はあまりに豊かであったと言いたい。我々も亦完成せられた人格として先生を見るべきではないと思う。先生に於ける中心的なもの、先生が死を以って守りおおせたるキリストと十字架の真理とのみ揺ぎなき先生の確信であった。他のものは時代の進展と共に先生自身の人格も思想も亦《また》深化し発達して行ったことと思う。森先生の『選集』（昭和7年・一九三二年十二月発刊）が出版せられたのは過去の先生を知る上に最も正確なる材料を我々に提供して呉れる意味に於て慶《よろこば》しいことであった。先生のもてる永遠的なるものは古い装《よそおい》の内にもられて居ったかも知れない、併し我々はその内に装わされたる先生自身のものを把握し、先生若し今日在せば如何に生き如何に思い、如何に考えたであろうかを追求して行けばよいのである。装は古いがその内の先生は今日も尚新しく我々に活きて働きかけている。貴いのはその装ではなく、不断に進歩してやまない先生その人ではあるまいか。同時に我々は先生に未完成のままに遺し逝かれし部分を分担してうめて行かねばならぬ責任がある。或は伝道に、或は研究に、或は実社会の活動に、先生の弟子たるものはその立場立場に於て重大なる責任が与えられているのである。

先生はその書斎を愛し此処にアット・ホームを感ぜられたであろうか、先生は決して蠹書《としょ》（読書ばかりしている人。また、書物の内容をうのみにするだけでその意義を理解しない人。）推理の学者ではなかった。先生はキリストの最も忠信になる伝道者なりしが故に、その書斎をぬけ出《い》でて或は教会の講壇に或は学校の教壇に立たれた。畢竟《ひっきょう》キリストを離れて先生には研究し主張すべき真理はなかったのである。夫故《それゆえ》書斎に於ける先生も教会に於ける先生も一つであった。先生は所謂学究ではなかったが、あくことなき真理探究者であった。然りキリストを愛するが故に真理をも愛せられた。何となれば真理はキリストに於て人となったからである。

先生逝去の年の夏、蔵書を整理せる時、未だ包をも解かざる数冊の独逸書が書架にのせられてあったのを発見した。瀕死の病中にも尚好学の精神を失わず、新刊の洋書を注文せられし先生の心中を思うて暗然たると共に、また無言の激励を受けたのである。先生の進んでやまざる勇猛心に鞭撻せられて、我等も亦伝道に研究に精進して行きたいと思う。

（一九三三・二・一〇記）

〔第3号、一九三三・五・一〕

基督《キリスト》論に関する森先生の手紙

浅野順一

一

「共助」の編集者から森先生召天満十年の記念号に「森先生の神学思想」という題で拙文を草するように御依頼を受けた。爾来《じらい》そのことを常に心にかけ乍《なが》ら、多忙にて十分の準備をなす余裕がなくて過ぎて了《しま》い、期日間近になって先生の遺著や「共助」に掲載の諸文章を繰りかえして読んで行くうちに、先生の神学思想を蒼惶《そうこう》（あわただしいさま。）として叙することは全く不可能であることがはっきりして来た。

第一先生は我々が日頃考えているような意味の神学者で居られたかどうか甚だ疑問である。先生の関心は所謂《いわゆる》基督《キリスト》教神学であるよりも、寧ろ宗教哲学――勿論基督教的な立場からではあるが――にあった。そのことは先生の著書『宗教に於ける科学と哲学』からでも容易に想像がつくし、また先生の蔵書中には、神学に関するものは比較的少なくて、宗教一般や特に自然科学・哲学の領域のものが多くあったことによっても知られる。森先生が神学そのものよりはむしろ宗教哲学に興味をもたれたことは、唯先生の若い頃ばかりでなくして、晩年に於ても変わりはなかったのであって、森先生の逝去後、丸善からとどいたままで未だ開封もせられない洋書の包みは、大抵独逸《ドイツ》西南学派（新カント派の一派）の人々の著書であった。聖書解釈の如きも先生独特であって、欧米の評釈者の解釈にどれほど忠実であったかは疑問である。聖書の註解書も、先生の書斎にあったにはあったが、之も比較的少なかった。之は先生から直接伺った話であるが、教文館で先生が書物を漁《あさ》って居られるとき、植村先生も偶然に来合わせて居られ、森先生が何か宗教哲学の書物（名前は忘れた）を買おうとせられたら、植村先生が別の書物をすすめられたと言うようなことなどもあったそうである。

先生の著書を読んで、一番強く感ずることは「知信合一」の確信である――先生はこんな名称は用いて居られないが――。信仰の世界に於て真理なることは、哲学・科学の世界に於ても亦《また》真理でなければならない。例えば基督の神性についても、唯之を聖書に感ぜし者のみが承認し得る真理であるとすることに満足せられずして、いやしくも健全なる理性を持つ者は、何人《なんぴと》と言えども承認しなければならぬ真理であると確信せられ、此の確信を合理的に理解すべく苦心せられた。基督の処女降誕の如きも、単性生殖の生物学的現象と連関して、経験世界の事実としても決してあり得ないことではなく、否あって然るべきことと主張して居られた。基督の行われた他の奇蹟についても然りである。

であるから、先生の存命中日本の思想界を風靡した独逸《ドイツ》の理想主義の哲学に対しても、一面に非常な尊敬を感じつつ、他面之のみを以って満足せらるることはなかった。恐らく今日流行の神学とは違った意味に於て、信仰の主観主義を極力排斥せられたと思う。

宗教と哲学、また宗教と科学との一致調和と言うことは、唯先生の熱烈な伝道の方便ではなくして、信仰の客観性を主張する先生の立場から、真理の問題として研究もされまた強調もされたのである。

余談が長くなったが、「森先生の神学思想」については、何れ改めて十分の準備をもって書かせて頂きたい。私自身は之を書くに適当とは思わないが、先生逝かれて十年にもなり、もう一度森先生の信仰・思想を、一つの組織的な姿に於てはっきり把握しておく必要が私自身にあると思うからである。

二

以上のようなことを考え乍《なが》ら、先生からの手紙のしまってある古い文箱を開いて、数年此の方手もふれなかった、数通の書簡を読みかえして見た。今から部分的にここで御紹介しようと思うものは、皆先生が大磯の地で静養して居られた頃戴いたものである。丁度今から満十年になる古い御手紙を、一枚一枚めくり乍ら、その当時のことが、今更らの如く眼底に彷彿《ほうふつ》として浮び出て来ることを感ずる。

問題は基督論であり、特にその処女降誕説である。基督の神性に関して確信を得たいと願っていた当時の私は、此の問題で幾度かつまずき倒れた。勿論、私自身の罪や傲慢がそうさせたのであろう。森先生も亦、屡々《しばしば》そう言って私を警《いまし》めて下さった。随分真剣な霊の戦を経験した。他の友人達が素直に承認し得ることも、私には容易に出来なかった。そして、基督を神として全的に信じ得ない――全的とは私の理性が承認する意味で――私の態度が、先生をいたく苦しめ、深い御心配をかけたのである。以下の御手紙にも、そのことがありありと現われている。当事者である私にとっては、今は涙なしには読めぬものばかりである。

たった一つ、後のためにと思い、複写して差し上げた手紙の外は、此の問題に関し、どう言うことを書いて御質《たず》ねしたのであるか、記憶の悪い私はすっかり忘れて了《しま》った。然し先生の御返書の中に、質問の中心題目が窺われるのである。

大正十三年の七月十七日の日附で、大磯から、斯《こ》ういう手紙を頂いている。直接此の問題に関係のないことは省くのであるが、私個人の信仰生活に関することが多くて恐縮である。読者の寛容を御願いしたい。

「真理の為め御はげみの事深く喜びます。率直に申すと何よりも人間は自己の怖るべき罪悪について基督《キリスト》から学び、発心したる自己は之に堪え得ずしてその救を求むるために急なる生活、然して十字架に於て与えらるる救と赦しと聖化、とを信仰に、理解に、体験に、得て行くことが人生最深の問題です。御互にはげんで此の道にいそしみましょう『生活即宗教』ですから。

生命に至る道はせまく、その門は小さい、と基督は教え給うた。どうぞ決してゝ道楽にならないように今の生命を棄身《すてみ》で御かかり下さい。世間の学者と比較にならない真の学問をなし得ないなら何の面目も無いわけです。貴兄によってよき生命の道が開拓せらるるよう祈って居ります。

講習会（伝道講習会の事）のことを祈って真剣でやって下さい。私も祈りつつあります。」

之によって明かであるように、先生にとって、罪よりの救《すくい》や潔《きよ》めは、唯意志だけの問題ではなくして「信仰に、理解に、体験に」、換言せば全人格に受くべきものであり、真理の問題である。だから真理は、道楽に研究すべきに非ずして、生命がけで棄身でなさるべきものであると警めて下さっている。

更に七月二十四日に同じく大磯から頂いた御手紙には以下のように書いてある。

「基督論に関して御考えを洩《もら》されたのを喜びます。信仰（論理上）の基督は経験の基督と同一ではないと言ひ得るでしょう。然し夫は明らかに二元論ではないのです。言うまでもなく学問上からは経験的真理が在って之を帰納し来った処に妥当的真理が成立するように見えますが実は妥当的真理が存するから経験的真理が成立つのであります。そのことは時間上の前後ではなくして論理上の前後であることは既に御存知の事とします。信仰の基督が経験の基督を構成している理由です。であるから

（一）基督自身の基督観（ロゴスの自己創造及自己実現）と

（二）使徒等を始めとする経験的基督観とは観ているものを異にしていますが此の場合帰納的基督観が演繹的基督観によって照されて行くものであることを承認しなければ学問が真の基礎に於て成立し得ない筈です。

君の信仰の基督とは多分道理上の基督、論理上の基督を指示していると思うていますが。御承知の如く経験は常に修正されつつ進むものですから恒存《こうぞん》する基督が真理の世界に於て主張され夫に準拠されなければ経験的認識だけでは危いのです。勿論両者はコントラディクトするものでは無いのです。このことも御同意と思います。

経験の使命は主として論理或は理性を生かすことに存するようです。尚《なお》小生の「科学と哲学」の二五三頁「斯の如く理性の極致……」以下二五五頁三行まで御参照下さい。大体に於てA氏は近頃君の言ったように、方法論を無茶にして掛っているのを残念に思われます。何れ拝眉の上で。大体君の御考えと僕のと差異はないようです。

生活全体が宗教であり、学問且《か》つ生命であると言う君の態度に私も賛成です。毎日原稿を書くのと本を読むのでかなり多忙です。それでも昨日釣道具を買って来ました。楽しみにしています。」

以上は明かに私の質問の手紙に対する先生の御答えである。ともすれば基督《キリスト》に対する信仰的態度が二元的になりやすい私に対して、論理と経験とが一元であるべく、特に後者が前者に対して指導的であるべきことを教えて居られる。当時の私は、理性に於て基督の神性を認め難いので、経験の世界に於て専ら之を信じて行こうとしたのである。先生は此の御手紙の末尾に「此の手紙は保存して置いて下さい、一二ケ月でよいのです」とある。之はどう言う理由か解らないが、私の生きているかぎり永遠に此の手紙は保存せらるべきものである。

此の頃は先生の御健康もやや恢復し、書見や原稿書き（多分「涛声に和して」など此の時分書かれたのであろう）に多忙であったらしい。先生の魚つりの姿も目に見えるようである。

三

その後私は、もう一度突込んで、基督論につき先生の所論に承服し得ない点をただす手紙を差し上げた。此の手紙は、前述のように複写にしたのであるが、先生は之を非常に激しい言葉をもって或は批評し、或は叱正し、所所にその言を書き入れておくりかえされた。今此処にこの手紙の全部を掲げれば問題が明らかとなるのであるが、長くなるから、その要点を挙げることに止める。

一、新約聖書の記事そのものの歴史的研究だけでは、キリストが神であると言うことは立証せられない。聖書に於けるキリスト神性の証言は、人によって肯定的にも否定的にも解釈し得られる。教祖の神性、少くともその超人間性を主張することは、必しも基督教に限らない。

二、神とか自由とか霊魂とか言うことは、カントの所謂純粋理性の世界では全然解らぬことであって、実践理性に於てのみ理解し得ることである。ましてキリストが神であると言うが如きことは、科学的認識によっては到底了解せられないことである。

三、キリストを神として信ずることは、人間の主観の要求であって、客観的な事実とは無関係なことである。キリスト教の絶対性（優越性ではない）と言うが如きは、科学的な証明を受くべきことではない。

要するに、キリストの神性は、客観的な理性の世界に於ては承認し得ない、唯信仰の世界に於てのみ解決し得る問題である、と言うのが私の手紙の結論であった。之に対して先生は非常に激昂せられ、前述の如く痛烈な短評をかきこんでそのまま送りかえされた。私も甚だ暗い悲しい心持ちになって、その手紙を寸断して了《しま》おうと思ったが、どうしたことか今日まで保存されてあった。

おっかけて七月三十一日に先生から以下のような書幹を頂いている。

「御手紙拝見。君の科学的態度は不可と思います。カントの行方に対する君の見方は正当でなくその上カントで止まって居べきものでは無いのは勿論です。此の方は今日は止めます。処女降誕説は生物学上の立証です。今申すまでもなく科学とは蓋然性によって成立つものです。勿論経験的帰納を無視するものではありません。「超自然の自然化」を指すのです。

君は自然をば皮相化しては不可です。真の自然性を見ねばなりません。真に必然的真理の科学的認識は処女降誕の真理性を充分に立証します。もし君が之を否定せんとするならその不可能を科学的に立証せねばなりません。君が「日常生活に経験することの出来ないことを以て基督の神たることを立証する」と言うが私はそんな考えは最初から持っていない。然も君が「共に之を否定する為にも用い得るからです」とは何の事実を指して言っているのか聖書の中にそんな箇所は私は一箇所も発見出来ない。第一「日常生活に言々」とは決して科学の見ている世界では無いのです。君の科学と言う経験の世界の内に基督《キリスト》の神性を否定し得る何物も無いではありませんか。

僕は今まで今度程君の頭脳について失望した論理を君から聴かされたことが無い。君は理性〻と言うけれど夫を主張しまた他に封する意味は勿論自分自身の単なる学問上の研究で全人的でないとしても君も明言している通り大切な、言うまでもなく生命そのものの源を冷却さすに役立つ位なら思ひ切って自己を荒手術したらよいと思う。しっかりし給え。

此の手紙を読まれたら一度拝眉しましょう。僕は残念至極に思う。正直のところA氏の頭脳より細かいと思っていたが病的ではいくらなんでも困ります。夫《それ》でなくば科学そのものを誤解して日常の出来事の学問だ位に思っているのなら別段御話する必要もない理由です。また此の問題は比較宗教学上の妥当を引き合いに出すべき理由がないのです。夫《それ》が科学的に言うつもりなら明かに失敗また途方もない考え違いです。

言うまでも無く科学の見ている世界は歴史に起伏する一々の事実だけでは無く其の根本的な普遍性です。歴史の出来事の妥当では無く既に起りまた起り得る不変の経験的可能の真理性に達しなければならない。処女降誕は一回限りと如何にして立証しますか。水の上を渡った基督の行為は彼一代限りと如何にして言い切り得ますか。そんな処でまごついては日月が懐中に入って清盛が生れた話と異らないのです。

僕はつまらないからペンを置きます。他の学生のように坊チャン交際を中止してこれから勇んで励みましょう。」

此の手紙の冒頭に先生は「君を信じ安心して此の手紙を送ると」書き添へて居られる。

四

森先生は、私がキリストの神性に触れる時屢々《しばしば》威たけだかになって怒られた。先生がキリストの処女降誕説をあれほどに固執せられたのもそのためであったと思う。何時であったか「他の人が自分よりキリストに深く愛せられていると想像する時に、私は嫉妬を感ずる」と言われたことがあった。それ程に先生はキリストを無条件に愛し、また愛せられんことを祈り求められた。此の心境を解することなくして先生の私に対する激怒は了解せられない。

此の痛烈な御手紙を頂いた私は、甚だ失望して、教会関係、特に伝道講習会（私はその頃役員を命ぜられていた）から辞したき旨を申し上げた。そして斯《かか》る私の態度が、病中の先生を心配させたことは申すまでもない。此の後二回ほど折返し御手紙を頂き、私が基督教の研究者としてよくよく自重すべきことを懇々と訓《さと》して下さった。若し私が内村鑑三氏の弟子であったとしたなら、とうの昔に破門せられて了《しま》ったであろう。

不肖の弟子である私は、先生存命中はついに、基督《キリスト》の神性について、理性的にも、意志的にも、その確信に到達し得ずして終った。然《しか》し乍《なが》ら、先生の翌年三月の逝去に際して、キリストの十字架の秘儀が始めて了解し得たように思われたのである。それ以来、キリストの人性を慕うよりは、その神性を仰ぐ方が多くなったように感ぜられる。今でも私は、先生の言わるるように科学的な意味でキリストの神性が立証出来るものかどうかは知らない。然し我の信仰生活にとって、キリストが唯の人間であるとき、凡ての力が崩壊して了《しま》うであろうことは事実である。

「森 明選集」の巻頭に載っている「文化の常識より見たるキリスト教の真理性」（一〇八頁［現在編集中の第二版該当頁］）を読まれた人は誰でもすぐ気づくように、先生は、宗教でも神でも、生命進化の方面からときおこして居られる。そして人間の宗教的要求や自由意志の如きも、之を全的に認めて居られるのである。そこには一見信仰合理主義の如き言調がないでもない。然し乍ら先生が罪の問題に触れる時に人生の真相を如何に深刻に握って居られたか、而してそれ故にキリストの十字架こそ人間にとって唯一の救《すくい》の途《みち》なることに対し何者も動ずべからざる確信を抱いて居られたことが解る。先生の基督論は実に、斯《かか》る贖罪観の上に立っているものであることは言うを待たない。

先生は、人間の罪の故に言《ことば》肉体となりし絶対の真理を、信仰の内容としてのみならず学問の世界の事としても立証すべく、病弱な身を以って言に筆に労苦せられたのである。夫故《それゆえ》に先生の伝道に対する熱誠を正しく知らずしては、先生の基督《キリスト》論は理解し得られない。

而も先生は信仰の世界と学問の世界とを常に一元的に考えて、真正の哲学者は真正の神学者であり、真正の科学者はまた真正の基督者であるはずであると信じて居られた。夫故学問すると言うことと信仰すると言うことは矛盾すべからざることである。矛盾すると考えるところに理性の不健全性がひそむのであると考えていられる。斯《かか》る確信に到達すべく私は未だまだ遠い。然し先生によって与えられた問題をどこまでも問題としつつ、これからも求道の一路をたどりたいと思っている。十年前先生が聖き怒を感じ、力を込めて書いて下さつた手紙の内容が、だんだん解るような心地がして感謝である。

〔第25号、一九三五・三・一〕

故森寛子刀自《とじ》

山本茂男

一

菊薫る明治節の前夜、故森 明先生の母堂寛子刀自（年輩の女性を敬愛の気持ちを込めて呼ぶ称。名前の下に付けて敬称としても用いる。）は角筈の自邸で世を去られた。刀自は去る十月の下旬から、風邪のため臥床せられていたが、この大事に至ろうとは、家人も思及《おもい》ばぬことであった。尤《もっと》も、教会の坂庭夫人が、数日前に訪ねた折には、「是非坂庭さんに御出で下さるようにお伝え下さい。もうこれが最後ですよ」と言われたとのことであるが何か期するところがあられたのであろうか。とにかく、人の死の前には、神秘的直感によって、自分の死を予感することは屡々《しばしば》ある事実である。しかしながら、前夜までは、近親の方と談笑したり、手紙をすら認められたと言う。二日の朝も、岩倉侯爵母堂が見舞われたときには、異常の胸の苦痛を訴えられたが、いざ医者を招く話になると、「まあごたいそうなことを」と、肯《うがん》じない位で、やがて医師の診断によっても、未だ憂慮すべき容態ではなかった。然るに、午後三時頃に至って、遽《にわか》に容態は急変して、昏睡の状態に陥られたのである。尿毒症との診断であった。

急報によって馳せ参じた近親の方々の面は深い憂色に覆われていた。七時頃に、病床を囲んで最後の祈りが捧げられた。そのことが告げられると、刀自は一瞬眼を開いて応えらるる如く、ふるえる左の指先をもて、髪を掻き上げ、祈りの容をあらためらるる様子であった。讃美歌五三二番は有正氏が幼い頃、初めて刀自に教えられたものであるが、刀自の終生の愛唱であつた。この讃美歌が歌い出されると、重く閉じた瞼《まぶた》から一滴の涙が流れた。「『主、視よ、なんじの愛し給うもの病めり。』……イエス言い給う、『この病は死に至らず、神の栄光のため、神の子のこれに由りて栄光を受けんためなり』」(ヨハネによる福音書一一・五、六)。聖言《みことば》の朗読に続いて二人の祈りが捧げられた。復び室内は息を呑む静けさに帰った。やがて八時三十分、刀自は安らかに天の御国に召され、茲《ここ》に八十年の生涯は栄光を神に帰するが如く静かに幕を閉じたのである。

越えて十一月六日、自邸にて葬儀が営まれた。祭壇の上には、温容溢ふるる刀自の近影が安置され、東伏見宮から賜った一対の菊花を始め、多くの供花の香りに包まれて、在りし日の面影も一入《ひとしお》尊く拝せられた。葬儀は午後一時に始まり、本間 誠氏の聖書朗読、浅野順一氏の祈祷、司式者の式辞、中渋谷教会と共助会とを代表して清水二郎氏の弔辞、佐波 亘《わたる》氏の祈祷の順序で進み、祝祷の後に、東伏見宮御代拝があって、二時に終る。続いて一般告別式に移り、三時半柩車は門前堵列《とれつ》（大勢の人が垣のように横に並んで立つこと。）の人々に見送られて、青山墓地に向かった。かくて遺骸は故森 有礼子の墓側に並んで埋葬され、故文部大臣子爵森 有礼妻寛子之墓と書かれた墓標の墨痕も鮮かに、折から梢を払う秋風に一入《ひとしお》哀愁の感を喚《そそ》るを覚ゆるのであった。

二

寛子刀自は維新の元勲岩倉具視公の第六女で、故森 有礼子に嫁して一子を挙ぐ。即ち故森 明先生である。私は今茲に刀自《とじ》を追懐するに当りその長い信仰生涯から、僅かに二、三のことを記して、其の面影を偲ぶことを許されたいと思うのである。

最初に思い浮ぶるは刀自と先生との入信の一事である。それにはまず遡って森文部大臣の遭難を回顧せざるを得ない。その真相は木村 匡著『森先生伝』（明治32年一八九九年）に詳《つまびらか》である。周知の如く明治二十二年二月十一日の紀元節は憲法発布の大祝日であった。この朝森文部大臣は、大盛典に参列のため、礼装を為しつつあった。折しも西野某と言うもの、官邸に至って謁《えつ》を求め、大臣を道に要撃せんとする者があるとて、其の報を伝えんと乞うのであった。大臣は既に時の迫れるの故を以て、秘書官をして応接せしめたのであるが、彼は直接大臣に謁《えっ》せざれば告げ難しとて敢えて動かず、警衛も彼の言を信じて、道路の警戒に意を注ぐ有様であった。暫くして大臣参朝の途に上らんとして、大礼服にて接見するや、彼は閣下は大臣なりやと言い、然りの一言を聞くや間髪を容れず、兇刃は大臣の右腹に刺され、某は其場にて、属官座田重秀の利刀に斃《たお》れたのである。是に於て朝野は愕然、宮廷は典医に命じて治療せしめられ、また、凡ゆる医術の力を集めて回復に努めたが其の効なく、大臣は翌十二日薨去《こうきょ》（親王または三位以上の人が死ぬこと。）せられたのである。時に年四十三。斯くて寛子刀自は二十五歳の若き未亡人となり、明先生は生後僅かに十ケ月にして父君を失われたのである。

　兇徒西野が森文部大臣を刺殺した動機は、大臣が伊勢大廟《たいびょう》に対して不敬の振舞いありとなし、憲法発布の大典に参列させまじとしたことに由ると言われる。他の一面に於ては、曩《さき》に森子が信仰の自由を主張したるを以て基督教徒であるとの誤解は其の伊勢大廟に対する不敬の風説と結んで世人を惑わしていたのである。元より何れも全く冤罪であるが、当時世人は西野某の斬奸《ざんかん》状を妄信し、彼を遇するに愛国者を以てし、荘重なる葬儀が行われたるなど爾来《じらい》世人を惑わすところ少なくはなかった。

　寛子刀自と先生とが基督教に入ったのは明治三十六年の秋で、森文部大臣の遭難後、漸《ようや》く十五年を経たばかりであった。従って遺族が基督者となることは、曩日《のうじつ》（さきの日）の世の疑惑を深める懼《おそれ》なしとは言えない。且つ岩倉公の血を承けた刀自が、基督を信ずることは、祖先の伝統と周囲の環境から見ても、容易ならぬ勇気を要することであった。森子爵家としては無論基督教には不賛成であり、殊に次兄の英氏は、若し基督教を奉ずるに至らば、互いに刺し交えて果てんとまで、断乎たる反対の意向を表明したと言うに於ては、洗礼を受けると言う事は親子兄弟の情誼を破り、或は生命をも賭する覚悟を要したのである。刀自が此の時齢《よわい》既に不惑に達して、如何ばかり熟慮し且つ祈り苦悩したかは想像に難くはない。遂にこの事情を訴えて、植村正久牧師の教を乞うたのである。植村牧師はこれに対して「親に孝行するのに何も人に相談する必要はないでしょう」と答えたのである。この一言によって刀自は眼から鱗の落ちたように、魂の眼の濶然《かつぜん》と開くるを感じた。そして神に対する申し訳なさと、感謝の念が胸中に交錯して一時に全身の血が湧き上がるを覚えた。そこで、最早や如何なる困難も、脅威をも、決して恐るまじとの勇気を以て受洗の決意を固めて帰ったのである。

その頃刀自は明先生と二人で牛込に住っていた。母堂は事の次第を告げて明先生の意見を求めたのである。すると「私はずっと前から心の準備も決心もついて居ります。お母様の御決心さえつきましたら御一緒に洗礼を受けましょう」と、此の秋十六の少年であった明先生の返事には凛然たる響があった。斯くて母子相並んで、当時の市ケ谷日本基督教会にて植村牧師から洗礼を受け、基督者の生涯に入ったのである。それから約一ケ年の間、受洗のことは森子爵家には知らされなかったが、これは当時の事情として洵《まこと》に止むを得ないことであった。然しながら神の摂理は測り難い。洗礼のことが告げられた時は諒解を得られた許りでなく、曩《さき》には断乎として反対した英氏は、やがて十余年後には、令弟森 明先生によって受洗し、基督者となったのである。寔《まこと》に不思議なる神の恩寵の御業と言う外はないが、また母堂と先生との伝道に由ることを思えば、如何ばかりの深き喜びと感謝であったであろうか。

三

次ぎに思うのは伝道者の母としての刀自である。

かつて森先生は東大共助会の席上にて、伝道者は神キリストから直接の印綬を帯びて遣わされた大使である。その栄誉は一国の大臣にも優るものであるとの意味を厳然と語られたことは忘れ得ない。伝道者たることは元より神の恩恵の賜物ではあるが、主の召命を蒙り畏れと感謝とを以て、その使命の確信に立ち終生を貫いて忠誠を貫かれた先生の生涯が、その言葉の真なるを実証している。

大正三年六月、植村正久先生に従い、上海伝道に赴いた際、森先生は召命の自覚を得たことは、母堂の語るところによって確かである。一度祖国を離れて海を渡った先生は、遥かに祖国の姿を顧み、支那［ママ］の実状にも触れて、全身に湧き上る祈願を制《おさ》え得ないのであった。それは祖国同胞の救いであり、また東亜に於ける神の国の実現と言うことであった。此の年の七月、欧洲には彼の第一次の大戦が勃発した。そしてクリスマスの近づく頃に先生は、伝道界の第一線に立ったのである。私は今、その背後に、彼の独り子を神に献げたアブラハムの如く、愛子を伝道者として神に献げた刀自の従順なる信仰と、健気《けなげ》なる激励と、深き慈愛とのあったことを見遁《のが》してはならぬと思う。勿論それは、先生の伝道者たる栄誉を些《いささ》かでも減ずるものではない。むしろ、信仰の母としての刀自の気稟《きひん》（生まれつきもっている気質。）高き美しさと、敬虔にして而も強き魂の気魄とを感ぜしむるものである。

最初の伝道は僅かに三名の日曜学校の生徒であった。その生徒とは岩倉公と二人の令弟であった。一般には家族や同族の伝道程困難なものはないと言われる。先生がその困難の道をとって伝道を始めたと言うことは、深い祈りの為したことであろう。中渋谷教会が、現在の場所に会堂を建てる時にも、尚この祈りがこめられていたと刀自の屡々《しばしば》語ったところである。

先生の説教の最も熱心な聴き手の一人は母堂であった。いつの頃であったか、母堂は昔を懐しむように「私は明がどうして説教が出来るのかと思って、恥しいやら心配やらでたまりませんでした」と謙遜に語るのであった。そしてまた或る時は「明の説教はいつも罪の話が長くて、お恵みのことはお終いに少しばかりしか話しませんので、もっとお恵みの方をよく話して貰いたいと申しました」などとも語ったことを思い起すのである。こうした言葉の裏に、母堂が如何ばかり先生の説教のために祈りを注いだかを推し得る心地がする。

先生の伝道の生涯は僅かに十年に過ぎない。而もそれは常に戦場であった。幼少の時から喘息を持病とした先生は、激しい教会伝道に在りては、絶えず病苦とも戦わねばならなかった。別けても年末から早春にかけて毎年のように病気に仆《たお》れて仕舞う有様であった。母堂や夫人が内に在って、如何ばかり心に憂い、濃《こまや》（情愛が深く心遣いが行き届いているさま。心のこもっているさま。）かな愛をもて慰め助けたかは、言う迄もないであろう。時として「婦人の愛は濃《こまや》かで行き届くが、用心しないと男子は人間になり損《そこな》うよ」と自他を戒めた先生であるが、晩年の大患の後に大磯に於ける療養の間にものした随筆の中で「見しらぬ土地へ来た。然し此処にも第一に気遣わしそうな母の顔が見出される。私は暗涙を呑んだ。常に母とは互いにアブラハムとその子イサクの事や、イエスが『わが母、わが兄弟とは誰《たれ》ぞ』（マルコによる福音書三・三三）と仰せられて肉身の関係よりも更に強く精神上の交渉について重んぜられていた事など、語り合って、私を私する罪を犯すまいと願ってはいるのであるが」と母堂の慈夢に対する深い感懐を洩している。洵《まこと》（間違いなくその状態であることを強調する語。本当に。真実に。じつに。）にこの母にしてこの子ありとは刀自と先生とに適《ふさ》わしい言葉であろう。

四

大正十四年の春、刀自が明先生を失われたのは六十路を越えたばかりであった。爾来星霜二十年に亘る静かな生活ではあったが、また度々の試練は免れなかったことであろう。しかし如何なる時にも神への信頼によって乱さるることなき静けさのうちから、いつも真心からなる感謝の言葉が洩れてその偉なる信仰の力を感ぜしめずには措かなかった。あの気稟《きひん》の高い品格と、慈愛と謙遜に充ちた魂に接しては、洵に言い知れぬ敬慕の念を弥増《いや》すのみであった。患難は忍耐を生じ、忍耐は練達を生じ、錬達は希望を生じ、希望は耻《はじ》を来らせず、と言う言葉をその生活の中に見るの思いがあった。

真に刀自は敬虔にして而も全身の魂を注ぎ出す祈りの人であった。その真実をこめた言葉は深い祈りからのみ生れ出ずる言葉の如くであった。既に長い間、外出の不自由な刀自は教会や共助会の人々の名前をよく記憶し、屢々《しばしば》その消息を訪ねて祈らるる風であった。殊に教会を離れたり、礼拝に出席しない人々のことを深く憂い、ひたすら祈りをささげられたことと思われる。まだ先生の在世中であった。「母は一人々々の名前を呼びながら祈るので到底短い時間では祈り切れないと申して居る」と語られたが、刀自は毎日少なくとも三時間位は聖書と祈りとにささげられたと言うことである。礼拝に出席の能《で》きないのは何よりも淋しいことであったらしい。然しながら、独り静かに聖書を読み、神に祈って魂の寂しさを慰められ、その渇きを医《いや》され、信仰より信仰へと進歩を求めて止まない姿には、永遠なる魂の若さを感ぜざるを得ないのであった。

今年の夏頃であったと思う。刀自は「私は明の存命中に、明の信仰がまだよく解っていなかったことを真に申訳ないことごとと思います。今でも一向信仰は進みませんけれども、この頃は明の信仰が少し解って来たように感謝して居ます」。そしてまたしみじみとした言葉で「明はほんとうに基督に愛された人でした。そして真に基督を愛した人でした。真にあの人は神様に恵まれた幸福な人でした」と語るのであった。これらはそのままに移して刀自に当て嵌《は》むべき言葉であろう。

刀自の祈りは自ら熱心な伝道となった。既に先生の伝道はまた母堂の伝道であった。先生の亡き後と雖《いえど》も刀自の伝道心に変りはなかった。とくに同族や親しい人々への伝道は執拗なまでになされた。否その晩年の伝道心の盛んなるには恥入るばかり驚きを感じたのである。ある長らく信仰の交《まじわり》ある人の言葉の如く「御後室様はいつも、私は自分は確かに基督の救いを信じて感謝しているが、どうしてこれを他人様にお伝えしたらよいか、その力がないのを一番残念に思います」と言うのがよくその消息を伝えていると思う。刀自の祈りはまめな手紙となり、直接の面語となり、文書の郵送となり、家庭集会となった。それはひとり自分の教会のためではない、広く内地、外地伝道の援助となり、或いは各種基督教事業の後援ともなった。斯くて常住《じょうじゅう》家に在っても、祈りは戦場であったと思われる。先生が君国を愛し同胞を愛して伝道に生涯を献げつくされたように、刀自にもまた伝道こそ神の恩寵に応え此の国を愛する最善の道であった。勝れた血統と家柄と環境と天性の資質と凡ゆるものをささげて神の栄光のために、皇国〔ママ〕のためにと朝に夕に祈りつつ感謝しつつ、右の手の業を左の手に知らせぬように、ささげられたのである。

想えば八十年の生涯は、入信の前後を通して、なかなかに苦難の多い人生行路ではあった。然しながら、基督に在りて全うされた刀自の生涯こそ、パウロの言葉の如く「然れど凡てこれらの中にありても、我らを愛し給う者に頼りて勝ち得て余りあり」と言うに相応しい生涯であった。殊に令孫森 有正、関屋綾子両氏の今日あるに対する刀自の喜びと満足と感謝とは凡ての苦難を償われて余りあるものがあったであろう。

私は今この拙なき筆を擱《お》くに当り、信仰の善き闘いを戦い、走るべき道程を果して、天つ御国に帰り、義の冠を受けて、先に召された多くの聖徒の群に入り、再び別れることなき世界にて、刀自が先生の霊に迎えられたことを信じて神の栄光を仰がしめられるのである。

〔第130号、一九四三・十二・一〕

【第二部】

・本間　誠：第7号「秋」（1933／9）
・山本茂男：第11号「年頭の祈願」（1934／1）
・奥田成孝：第16号「京都支部創立満十年を迎ふ」（1934／6）
・福田正俊：第18号「神と人間の意志」（1934／8）
・浅野順一：第24号「旧約聖書の神観」（1935／2）
・原田季夫：第46号「クリスマス一感想」（1936／12）
　　　　　　第97号「恩寵の一里塚」（1941／3）
・山田松苗：第80号「主イエス・キリストを衣よ」（1939／10）
・小塩　力：第103号「昏晦《こんかい》のうちに動くもの」（1941／9）
・森　有正：第113号「イエスと学者達」（1942／7）
・沢崎堅造：第135号～第137号「曠野《こうや》へ」（1944／5～1944／7）
　　　　　　第136号「新の墓にて」（1944／6）

秋

本間　誠

一

真夏も過ぎた。秋の来るのもすぐである。もう来て居る、朝夕はすでに秋風がたち初めた。暑い盛りは炎暑と闘うことに心せわしくて、何も顧みる余裕もなかったが、こうして秋風が立ってくると、身の囲り天地自然の姿も改めて眼に映ってくる。そうして自然の姿に人は自ら道徳的反省をも促されるようである。

エデンの園に、真実な欲望ではあるが、其欲望制し難く、遂に罪を敢て犯すに至ったアダムとエバがエホバの静なる声をきき、自己現在の状態を反省せしめられ悔悟を促されたのは日の涼しき頃であったという（創世記三章）。

バアルの預言者らと旺《さかん》なる信仰の戦をなして勝利したエリヤも、あとから後からと相次ぐ事件に悩まされ、心身疲れて、さすがに孤独を覚え死をさえ求めたほど心弱った時、彼は一人あるに非ず、エホバ共に居まし、バアルに膝を踴《かが》めず其口を之に接けざる七千の同志我ために神備え給うと聞いて、勇気を恢復したのも巌の蔭の涼風に憩うた時であったという（列王紀略上一九章）。

而して、後者は声に従って使命を果し、前者は声を避けて楽園を追放されたのである。耳目を聳《しょう》動《どう》するような事象の中でなくして、之等の打過ぎた静寂なる時に響き来るかすかなる声、疑えば疑える神の声がすることがある。此処に生死の岐路があり、救の好機が備えられている。神を避くる者は楽園に在るとも追放せられ、声に応じ懼らずして台前に進み出ずる者には、孤独死を求めし弱きものにも、力を賜り同志を神は備え給う。

秋の立つ頃、日の涼しき頃、不用意に過してはならない。

二

秋を歌うたものに

みどりなる一つ草とぞ春は見し
秋はいろいろの花にぞありける

という歌があると聞くが、其の様に春は単純であり一色であり平等であり無差別である。見ゆる限りは萌え出ずる生命の力の強く輝しく感ぜられるのみである。之が春であった。併し今、秋は異っている。赤がある、緑がある、黄がある。花のあるもの無いもの、果実を結ぶもの結ばぬもの、鳥もおれば蛇もい、嵐も吹く。柿・葡萄・無花果《いちじく》、姿様々、色取々、愛らしい者・恐るべきもの、静あり、動ありというように、秋の自然の姿は雑多であり、矛盾もある。而も春の自然には見られなかった美さが秋にはある。之は春には知られぬ厳かにして深い天然の美さである。此の秋の美は複雑の美である。之は併し唯複雑多様なるが故の美ではない、千態万様の間に凡てが一つ秋の秩序に連る美さである。恰も大小強弱或は用不用と見ゆる百態が一つ生命の秩序に連り動きある時に人体は其儘《そのまま》に美しいにも似て居る。ひとたび拠るべき秩序・生命を失うとき死の恐しき姿と化するにも似た美さである。清く厳かなるものの美さである。個々思い思いに乱脈極りなき様なる中に、いいしれぬ秋の一つの気に連るを見るが故に、秋の美は愈々深く、また此処より出でて見るが故に、秋の万象の姿は無限の意味を伝え来るのであろう。

人の世に生きる限りは、苦みもあれば喜もある、涙もあれば感謝もある。併し此の複雑なる人生にも、若し一つ生命・一つ秩序に連るならば人生は美わしくまた永遠なるものでありうべきを暗示してくれるのは秋である。単調一色、之が決して美しい人生ではない。斯る人生は死んだ人生、作った人生である。美しい人生・生きた人生は波瀾重畳・複雑多様なる間に一つの気に連る純粋さを見出し、此純粋さの裡に千変万化の理に生きることであろう。主基督がそれである。

ヘルモン山にも神と偕に在り、麓の罪人病者矛盾渦巻く街《チマタ》にも常に神と連り、神によりて神の業をなし給えるイエスの人格の輝きを見よ。美の極致を見るではないか。人生はこの基督に在りてのみ美しくせらるる。我を創造《つく》り、我を贖い、己が生命を賜いし基督に連り彼に在りてのみ人は、よるべき純粋さを見出し、此純粋さのうちに千変万化の理に生き得る道と真理と生命とを賜う。茲《ここ》にのみ人生の美は存する。彼を離れて醜であり悪であり死である。真の美わしきものなく真の生命はありえない。基督に在ってのみ人は秋を知り人生のまことの美を知りうるであろう。秋を愛する心は基督にまで高められねばならぬ。

三

秋は物それぞれの特色があって、甲を以て乙に容易に換え難いものを持って居る。花に秀でたものがあり、実に優れたものもある。形によきもの色によきもの馨によきものがある。菊あり柿あり蜜柑あり、栗があり胡桃《くるみ》があり葡萄がある。また見るべき色香も形容《スガタ》もない寧ろ見栄ない稲もある。甲を以て乙を判ずれば互に差別があり強弱があり矛盾がある。併し各々其特質を以て秋を飾り、秋の収穫を豊かにしているので何れをも捨て難い。只之等の個々の特徴は単に夫れ自らの力によって得来ったものではない。各自が備えられたる天禀《てんぴん》に従い、一つ生命に連り、日の暖まりと雨露とを道に適うて採り用いたるところに結ばれた生命の実である。

人亦其外容の恥じず恐れずまた誇らず、各の特質を以て世に貢献すべきであろう。基督に連り彼に在りて生きし人々は実に其外容に止らず深き内なる特質を以て永遠の世界に貢献しつゝあるを思う。幾度かの失敗にも常に主基督の救に立帰りしペテロは、今も永遠の世界に神の国を飾るものとせられ、才にも智にも力にも仲間に秀でつつも、基督に服い果しえざりしユダの運命を思う時、人生は只基督に連り、彼より賜う新なる生命・永遠の生命の道に適いて生くる処にのみ霊の果は結ばしめられ、神の国を飾るにふさわしきものとせらるるであろう。

更にまた秋も央《ナカバ》となれば、草は枯れ、樹は葉を落して地上に生色なく、鳥も虫も声を潜めて、人自ら天地の寂寞を感ぜしめられる頃となる。併しそれは外から見た事であって、枯れたと見ゆる草も或は種子を残し宿根を残している。樹は来るべき春の花芽を其枝梢に既に用意している。春にさく花は春に生ずるのではない、既に前年の夏から秋にかけて用意されている、生るべき姿は形成されつつある。今年の夏が不順だと来年の春の桜が不出来なのも、梨や林檎のよくないのも此の理由による。秋には既に春の用意がある。一見枯れしと見ゆる樹の梢に、軈《やが》て実を結ぶべき生命の用意がされて居る。之が秋の内なる姿である。

深く秋の美を見、秋の秘密を知る農夫は、今見渡す限り寂しい許りでなく、近づく厳冬の日を覚悟しつゝ、陽春の来るべき喜を確信せしめられて、麦を蒔きこれを育成して不安を抱かないのである。日毎に葉の散り行く果樹の囲りに施肥《せひ》をなし、また病害の駆除と予防とを怠らないのである。

秋はこうして、基督に在るものに望を与え信仰を励してくれる。基督による人生の美とその美の源泉とを知るとき、人は時代の不安なる徴候に失望しないのである。福音の種子を蒔いて失望しないのである。世の眼には寂れ行くと見ゆる教会に福音をのべつたえて怠らぬのである。今の世に生きて、人心の不安社会の形勢いかに恐るべきものがあるかを感ぜぬ者はないであろう。殊に基督者はその感が強く深かるべき筈だ。併し単に時代の徴候に感じて共に憂い苦むに止らば、それは基督者でなくとも出来ることである。

秋を見よ。基督を仰げ。時代と環境の如何に拘らず、基督に連り基督に在って、永遠の生命・霊の果を結ぶべき種子を賜りし者が基督者である。今は誠に秋の落葉樹の姿にも等しいかもしれぬ。併《しか》し常緑樹も立って居る。今は色香も生命の程もあやしまるる小さき籾米の如く見栄もあるまいが、基督の生命の宿る限りは春が来る筈である。「人若し基督に在らば新に造られたる者なり、古きは既に過去り、視よ新しくなりたり」とは聖書の言葉であって基督者の確信である。満目荒涼、上下挙げてよるべき望を失わんとする時、見よ救は此処に在り、十字架に在り、と教会に基督の御旗高く掲ぐる者こそ基督者でなければならぬ。秋は正に秋《トキ》である、信仰の秋・戦の秋である。我らは木の葉散りゆく秋の風情にあわれを覚えない、基督共に在さぬ魂の姿にあわれとまたおそれとを感ずるのである。美しさと見ゆる草も根なくしては数日の生命にすぎない。人、基督に連らでは人生は根なき草にも等しい。

再び言う――秋は秋である。望の秋、戦の秋であると。

〔第7号、一九三三・九・一〕

年頭の祈願

山本　茂男

一

旧き年は去った。新しい年がまた廻って来た。年々歳々花相似、歳々年々人不同、と詩人が歌った様に、昨日の吾は今日の吾でなく、今年の吾は去年の吾でないと言えよう。けれども、人間は依然として煩悩の子、罪の子であることには何の変りもない。世の思想は如何に変遷し、生活の様式が如何に近代化せられ、社会百般の施設が日々新《あらた》に改良せられ行くとも、変りなきは人間性である。人類文化の歴史に著しい発達の跡を見るけれども、人が罪の子たる一事は昔も今も変らざる事実である。否、文明の発達と共に世の罪悪も強大深化するとさえ思われる。さらば外貌の発達は如何に著しくとも、人間の内的革新がない限りは、根本的な生活の更生は到底望み得られないであろう。

されば今、年頭に立ちて神の栄光を仰ぐ心に祈りたき一事は、旧き人を脱ぎ捨て、心の霊を新《あらた》にして、新しき人を著《き》むことである（エペソ書四・二二―二四）。

思うに、基督者の生活とは、在るがままの人間の生活ではなく、人に在りて基督が生き給う生活である。ところで、現在の基督者の生活はどうであろうか。そこには猶《なお》肉に属《つ》ける旧き人が生きつつある。今日の基督者は自ら如何に生活の無力を痛感しつつあることであろう。世は非常時と言い、社会不安の渦中に在りて、世相を観ずれば滔々《とうとう》として逸楽《いつらく》に流れ、人心の道義は益々地を払いつつある。志ある基督者は世相を観ては慨《なげ》き、教会の現状を顧みてその無気力を痛嘆しつつある。慥《たし》かに現在の基督者の生活は無気力であり、教会は新鮮溌溂《はつらつ》たる気力の欠乏していることは否めないであろう。だが、その拠って来る根源は何処に在るであろうか。その責任は何人《なんぴと》に帰せらるべきであろうか。牧師や伝道者に在るであろうか。然り、慥《たし》かに彼等に大なる責任がある。けれども、もとより彼等の責任のみに帰せらるべきではない。誰か自ら不信と虚偽と虚栄と傲慢でないと言い得るか。誰か嫉妬と怨恨と悪計と不真実を言い逃れ得るか。神の名に於てすら利己と分争とを止めない有様である。されば教会生活の無気力と言うも、亦《また》聖霊の一致を欠く凡ての基督教徒の不真実と不信とに帰すべき共同の責任である。吾等はまず自ら省みて、此世に倣《なら》う事なく、心を更《か》へて新にし、信仰生活を根本的に革新せられ献身犠牲の精神に立たむ事を祈願せねばならぬ。

信仰生活は、単なる社会生活の経験によりてのみ深めらるる事はない。此世の生活経験が信仰を深めると考うるならば、大なる誤りである。信仰生活何十年を数えても、若しそれが神の言によりて貫かれ、聖霊によりて導かれないならば、依然として旧き人の生活たるを免れないであろう。個人に於ても教会に於ても、信仰生活の無力たる所以は斯《かか》る誤れる生活態度にあるのではないであろうか。キリストを愛すると言いつゝ、然かも自己中心に生き、主の御意《みこころ》を蹂躙《ふみにじ》って吾れ知らず顔にあるならば、キリストを孤独にし、十字架に釘《くぎづ》けつつある者は、基督者自身であると知らねばならぬ。

今は眠より覚醒《めざ》むべきの秋である。旧き人の生活たる暗き業を切り捨て、光明の甲《かぶと》を著《き》て、光の中を行く如く、正しく歩まねばならぬ。苟《いやしく》もキリストを愛する者は、御意《みこころ》に従うを唯一無上の喜びとせねばならぬ。己が傲慢と虚偽を去り、慾情を捨て、罪を断ち切りてこそ、信仰の生きた力を経験するであろう。神と私慾とを両手に花と言うが如き自己満足は、甚だ虫の好い話で、到底許されないことである。吾等は主を愛すると言い乍《なが》ら、如何に自己を求めて愛しているかを反省せねばならぬ。自己をキリストによりて実現しようとするのでなく、キリストが吾が中《うち》に在りて自由に生き給う様に、己を献げて行くのが基督者の生活である。それは単に気分や感情や思想と言うが如く部分的のことではない。感情も理性も意志も、全体的に統一して、キリストの御《み》意《こころ》に献ぐることである。全人格的な生活の要求をキリストに於て根本的に充たされることを願うのである。斯様《かよう》にして、自我中心の要求を砕かれ、従順にキリストに従うところに、見よ、外なる人は日々に壊《やぶ》るれど内なる人は日々新になり行くのである（コリント後四・十六）。

而して新しき人の生活は恰《あたか》も創造の芸術の如きものである。己が理性感情、意志を日々彫琢《ちょうたく》（美しく磨きあげる。詩や文章を推敲し、立派なものにすること。）して基督の如く浄められ高められ行かねばならぬ。然し、吾等を彫刻する者は我等自身の力でなくして、聖霊である。自己をキリストにゆだね行くとき、キリストの聖霊は我が霊魂を彫琢して、彼の品性に化せしめ日々新に創造せらるるのである。人もしキリストに在らば新に造られたるものなり、古きは既に過ぎ去り見よ新しくなりたり（コリント後五・十七）。

二

「いと高き処には栄光神にあれ、地には平和主の悦び給ふ人にあれ」と天の軍勢の讃歌に唱和したきは心からの願である。実にイエスによりて神に叛《そむ》ける人類の罪は赦され、神による人類永遠平和の道は確立せられた。

然しながら、イエス自ら言い給うた「吾れ地に平和を投ぜんために来れりと思ふな、平和にあらず、反つて剣を投ぜん為に来れり」（マタイ伝十・三四）と。実にイエスの生涯がそれを立証した。人類を神に和《やわら》がしめ、永遠の平和を与え給うにはイエスの十字架を要したのである。

人類の平和を望み、イエスに従う者は、自らその十字架を負うて従い往かねばならぬ。イエスはその弟子達に対して言い給うた。「世もし汝らを憎まば汝らより先に我を憎みたることを知れ」と。世は遂に彼を十字架に釘《くぎづ》けた。今も猶此世界はイエスを十字架に釘けつつある。イエスを愛する者は、その父母よりも、兄弟よりも、妻子よりも、財産よりも、彼を愛することを求められている。世は斯《かか》る態度を嘲り、屡々《しばしば》之を阻止し、或は迫害せんとさえするのである。そこに自らイエスの弟子には戦が予想せらるるのである。基督者は戦なくしては、断じて真のイエスの弟子たる事は出来ない。今日基督者が自ら無気力を嘆じ、或は教会の無気力を非難するのも確かに基督者の生活に真剣な戦なき事を自ら証するのである。基督者の生活に戦のないのは、今日の世界が住み心地よくなったためであろうか。慥《たし》かに然《そ》うとも言えるであろう。けれども世の罪はますます跳梁跋扈《ちょうりょうばっこ》している。むしろ基督者生活の無力は、基督者自らキリストに対する信仰態度に於て世と妥協しつつある為ではないか。今日の基督者は自己の地位を守ることにのみ篤く、自己の職業に忠実なることを以て信仰生活に満足を見出しつつあるのではないか。平穏無事、敢て福音の真理のためにすら、平地に波乱を巻起すことは非常識な不信仰的なものであるかの如くに見られる。斯くてキリストの為めに、自己の職業を擲《なげう》ち、或は財産を失い、その父母にも叛《そむ》く程の事は到底なし得ない有様である。基督者のうちに勇気と熱情とは失われたのであろうか。それにも拘《かか》わらず、或は恋愛のためには、家を捨て友を売り名誉と地位を賭け、自殺をなすものすらある。キリストの為に何故生命をも捨つる丈の熱情と覚悟とがないのであろうか。たといかかる人がありても、他人は之を狂信《〔ママ〕》と笑い、或は非常識と冷笑する。所謂《いわゆる》信仰篤き家庭にあっても、その子弟が一身を献げてキリストの為めに立たんとすれば喜ばない。然し吾為めに十字架に懸りてその生命を捨て給いしキリスト・イエスのために、己が生命をも財産をも賭けて従うに何の不都合があろうか。若し聖書の教訓を感心しながら之を実行するのは不可なりとするなら、それ程不合理の事はあるまい。基督教は教訓ではない、道である。それは十字架によりて樹《た》てられたる道である。「我は道なり、真理なり、生命なり」とイエスは宣《のたま》うた。十字架を負うてイエスに従い彼に生きることの外に基督教の生活を全うすべき道はないのである。

三

近時満洲事変、国際連盟の脱退、五・一五事件等を契機として、久しく沈滞していた日本精神は今や澎湃《ほうはい》（盛んな勢いで盛り上がるさま。）として起り来ったかの観がある。仏教徒は勿論、基督教徒も今更の如く日本精神を唱道せねばならぬ時代となった。日本的基督教が俄《にわか》に飛び出しそうでもある。然り、日本精神可なり。日本によりて新《あらた》なる基督教の生命は世界に輝き出ずべき事は吾等の念願である。然し、基督教徒は徒《いたず》らに周囲の勢に脅《おび》えて妥協してはならない。「我は平和を齎《もた》らさんために非ず、却て地に火を投ぜんために来れり」と宣《のたま》ひしイエスによりて樹《た》てられたる基督教は、十字架の宗教であり、戦の宗教であることを忘れてはならぬ。剣とは即ち真理の剣である。火は即聖霊の火である。仮令如何《たとい いか》に基督教が日本的になることを必要とするも、その真理を抂《ま》げて妥協するならば、それはそれ自らの自殺的行為である。塩もしその味を失わば何の用をなすであろう。基督教徒は基督に於て国を愛する。この祖国を神に献げむとするのが基督教徒の衷心の願である。然しそれは徒らに時の権勢に盲従〔ママ〕することではない。国家よりも神を愛し、神によりて国を愛するのが基督教の本領でなければならぬ。国家は屢々《しばしば》神に叛き、また悪をも敢てする。之を神の前に正義を行わしむる様に祈り、且つ努力するのが基督教徒の任務である。この意味に於て、基督教会は国家の良心となるべきものである。基督教が超国家主義たるべきは此の点に存する。日本の基督教徒が今最も留意すべき大切な事は、明確に神の絶対的権威を認め、之に絶対に服従し、神、キリストに対して信仰の忠誠を全うすることである。今日程、我等がキリストに従って、其《その》信仰的良心によりて生活を賭けて戦うべきことを要求せられつつある時は少いであろう。然らばその信仰により、その生活によりて、キリストの生命は体得せられ、生きた神学も亦自ら生れ出ずべきであろう。徒らに事勿れ主義の平安無事を希《ねが》うのみで、どうして生きた信仰と基督教とが生れるであろうか。

現代日本が要求するものは真の基督者である。基督者たる政治家や実業家や、学者や教育者が輩出せんことである。然して就中《なかんずく》最も要求せられつつある者は、真のよき伝道者であることも亦疑なきことである。基督教の歴史は殉教の血を以て描かれている。今や日本の基督教徒は、真剣に自己の生活を革新し、神の正義に立ち、同胞国民の罪が、主の十字架によりて贖われんために、伝道の一大聖義に進み出でねばならない。其処には個人も家庭も或は教会も、大なる苦難の戦を覚悟しなければならない。然し神は常に吾等と在して偕《とも》に戦い、永遠の勝利に導き給うのである。

〔第11号、一九三四・一・二〕

京都支部創立満十年を迎う

奥田成孝

一

大正十三年六月十四日下宿の一室に産声《うぶごえ》を挙げた我等の京大共助会はここに創立満十年の記念日を迎えんとしている。一口に十年と言えば短かい様で相当に長い。特に我等青年にとって最も変化の多い試みの多いこの期間の中、而《しか》も不信仰なる我等が用いられて共助会は十年の齢《よわい》を数えしめらるるに至った事は感謝に堪えない。そして我等の共助会は只十年の歳月を重ねて来たと言うのではない。我等の共助会は創立より今日に至るまで明白なる信仰主張を持ち、その使命の自覚と確信とに変らず生きて来たのである。我等変り易《やす》きものの中に、生きて変らざる主張を持ち確信に充つる共助会の存在を、斯《か》く保ち得た事は実に一つの奇蹟と言わざるを得ない。思うて我等は、土くれの如き我等を絶へず十字架の主に於いて顧《かえり》み給う神の限りなき恩寵《おんちょう》と、亡き森先生の信仰と、良き先輩同志の祈りの支えとに無限の感激を禁じえない。殊《とく》に亡き森先生の京都の為の血涙《けつるい》にじむよき信仰の戦いは、京大共助会の門出を潔めその行手《ゆくて》を指示《さししめ》されたと言う事が出来る。無為無力なる私共が何か取り上げらる可《べ》きものあってか、よく此の十年の戦に堪え得て今日の感謝深き記念日を迎えしめらるるとするならば、先生によって示されたよき信仰の歩みを通して主の聖旨を知り、その聖旨に対して、上よりの力と先達同志の祈りに支えられて、従順に従わんと求めたるに外ならない。

先生は私共に何を教えられたか。教えらるる多くを持たれた先生ではあったが、我等は多くを学び得なかった。只《ただ》一つ全生命を打ち込んで我等に教え示されたのは基督に対する我等の態度であった。先生が物された共助会主旨の一節に「共助会は基督の外全く自由独立の団体である」とある。之《これ》何はともあれ基督に対してのみは絶対の服従こそ求められたに外ならない。基督の十字架の救いの恵に対して無限の而《しか》も厳かなる感激の情を捧げ、至上の忠誠を尽されたのは先生の信仰生活の中心であった。この信仰は深く強く主にある友情へと滲《にじ》み出《いで》ざるを得なかった。主旨の一節に「基督の教訓と人格とに対して質実なる態度を以て接近せられんとせらるる友の助力者ともなり……」と記して居らるる。常に先生の主を求むる友に対する至上の友情は、友の全存在を基督への真実なる捧げものたらしめるに外ならなかった。そしてその根底には主に於て祖国が救われん為との熱烈なる愛国の至情の潜みし事も見逃す事は出来なかった。やがては祖国の各部にあってその重きに任ずる青年達を基督に捧げしめんとは先生の主にある友情であった。かかる青年の存する所、実に千里を遠しとせず、また己が身も顧《かえり》みらるるの遑《いとま》もなき所であった。京都は西部日本にあって、やがて日本の重きに任ずる青年の多く遊学するの地である。先生の祈りの此の地に深くも切に注がれたのは寧《むし》ろ当然と言え様。当《まさ》に先生は京都の為に、その青年学徒の為に、それがやがては祖国の為に、そして遂には凡《すべ》てが基督の為にと血涙《けつるい》にじむ祈りを注がれた。我等共助会に連るもの、敢《あ》えて祖国の重きに任ずるものと自負するものではない。また先生の祈りに、期待に、応えうるものであったと言うものではない。現実には先生の血涙《けつるい》しぼる祈りと友情とは我等の上に注がれたと言え様。

併しその祈りと友情とは決して我等の私《わたくし》すべきものではない。ここに遊学し基督に志を寄せ、祖国の為に己が身を捧げんとする者、かくも真実なる祈りを此地の為、祖国の為、主の為に注ぎし一人の先輩の在りし事を覚えられたく思う。且《かつ》て私は「京大共助会の成立」に就《つ》いて共助創刊号（今の新聞型の共助ではない）に記すを許された折に述べた所ではあるが、今十年の記念日を迎えんとして私は当時の先生の事を思い起さずにはおられない。之《これ》単に過ぐる日への回顧からのみではない。寧《むし》ろ使命の前途に幻を見つつ、第二の十年を歩み出《い》でんとして此事を思い起さざるを得ない。私は今少しく当時の記録を再録しつつ先生に就《つ》いて語るを許され度《た》く思う。

二

時は大正十二年の秋であった。十二年と言えば我等に忘るる事を得ない関東大震災の歳である。私も当時夏の休暇で東京にあって震災に襲われた者であるが、当時の先生の説教の中に「震災に於いて現された神の聖憤について悔改《くいあらため》る所なき者は人生の試験に落第した者だ」と、迫る真剣さを以て語られた一言が今尚粛然たる響を以て心の底に残っている。此秋の京都伝道は春よりの御計画ではあったが、あの大震災の直後の事とて如何なさるるやとお尋ねした時「尚更《なおさら》行く」と先生は申された。説教の一節と思い合せてまた先生の迫らるる御心中も偲ばれる。併《しか》し御病弱なりし先生は、大震災に伴う種々な御無理や御心痛にいたく健康を害《そこな》われて、既に重き病の床にあられた。併《しか》し先生はそれでも京都伝道を願われた。遂《つい》には先生は汽車によらず船によって神戸より京都に見えた（註：東京から船によって神戸まで来て、神戸から陸路京都に来た。）有様であった。心臓と喘息は先生の主なる御病気であったと記憶する。伝道は十一月四日と五日と二夜に亘った。第一夜は「基督伝研究に於ける人生改造の問題と彼自身」と題して公開講演を試みられ、第二夜は「基督の自意識に就いて」と題して懇談会が催された。御滞在中、喘息の御苦痛のために夜中殆《ほとん》ど眠らず床の上に座して居らるる程であられた。而《しか》も一度壇に立たるや実にその伝道は熱烈を極めたものであった。かかる御病苦の中にその御病気を越へて斯迄《かくまで》戦われたのは、京都の為に地に落つる一粒の麦ともならばと念じられたに外ならなかったであろう。当時私共は各々《おのおの》個人的に森先生を知るの故にこの伝道に携《たずさわ》ったのであった。当時の自らを顧《かえり》みて只慚愧《ただざんき》の念にみたさるるのみである。ゲッセマネの園に血の汗を流して人類の為に祈られしイエスの側に、平然と眠りを貪ぼりし弟子達にも似て、我等は先生の心に遠く、会場の聴衆の少なきを大なる関心事として心配するの程度であった。先生は此の伝道の後京都に一つの集りを残して行き度《た》いとの御希望であられた。併しそれも自然の成行《なりゆき》に委せて頂き度いとの理由の下に遂に先生を其儘《そのまま》お帰し申したのであった。御帰京後、或る友人に「京都の学生諸君は実に気の毒だ」と淋しげに洩らされたと聞いている。私は先生の寛容なる友情の前に黙じて祈るのみである。この伝道が如何に先生の心身を悩ましたかは「涛声《とうせい》に和して」の一節に「想へば昨秋十月、風物閑雅《かんが》なる京都に於て帝大学生の集会に講演を試み日本基督教会の浜寺に於ける大会に出席以後、帰京早々より昨今に至る迄半歳に余る大患に陥り、幾度か生死の間をさまようが如き経験をも、亦《また》主に更に近く委ね尽された身心に与へらるる平和な得《え》も言われざる歓喜の経験をも得た。」（森 明選集二六七）とあるを見ても分る。

併し地に落ちた一粒の麦にも似た生命を捧げての先生の伝道が、遂に一つの実を結ばずに終わる事は寧《むし》ろ不自然な事であらう。先生御帰京後、この伝道を機に相知るを得た我等数名の者（岩淵・鈴木・奥田）は細《ささ》やかな祈り会を持つに至らしめられた。更に翌十三年の春頃より我等の祈りは一つの希望と力とに動き始めて来た。そは我等は京都にある我等学園の友の淋しき信仰生活を慰められ共に真剣に基督に対する信仰を励む団体を作らんかとの願いであった。この願は更に進みて帝大共助会の京都支部として立たしめられんかとの祈りとなった。我等はその希望を森先生及び東京の友に伝えた。勿論当時の我等に今日我等が知るを許されている程の共助会への理解と使命の自覚とがあったわけではない。併《しか》し明かに言い得る事は、我等の団体の中心問題として、基督に対して我等は如何なる信仰態度をとる可きかを最大の関心事とした事であった。漫然と基督信者の集りと言う丈ではなかった。我等はここに基督を救主として之《これ》に対して礼拝と服従とを捧げる純粋なる信仰団体として立たんと定めた。発会式に先立って山本兄は森先生の深き祈りと友情とを齎《せい》して我等を訪ねられ、基督に対する我等の信仰と団体の為に更に之《これ》を強め励まさるる所があった。斯《か》く諸般の準備なりて六月十四日東京より本間誠・金谷重義の両兄を迎へ、両兄の篤き祈と励しの下に聖護院の奥田の下宿の一室に細《ささ》やかな祈祷会を持って共助会京都支部は生れたのであった。時に同志岩淵止《とどむ》・鈴木淳平・金子一次・神戸信雄・奥田成孝の五人であった。

次なる京都共助会と森先生との深き交渉は此の年の秋に於ける先生の京都伝道に際してであった。遂にその伝道は重き病の床に倒れられて果されなかったが、悲壮にも真剣なる使命に殉ぜらるる先生の信仰は、我等の団体に力と生命とを注ぎ込まれたものと言う事が出来る。

既に十一月の京都伝道に先き立つ遥か以前より先生は病の床にあられた。当時日曜礼拝に立たれてはまた次の日曜日までは病床につかれて居らるる有様であられた。それでも先生の京都伝道の決心は少しも変らなかった。友の便りの度に「先生の御健康は余程悪い。併《しか》し京都には必ず行くと祈っておらるる。」との通知が必ずのせられて無い時はなかった。伝道の期日は迫《せま》って伝へられた予定は実に次の如くであった。

十一月三日午前八時四十五分東京発（御母堂御同道）先生はその夜は誰にも面会されずに宿屋にて休養――先生の御健康の為に本意ならずもこの様な予定を作りました。

とあった。既に先生には死の覚悟があられた。御母堂はまたその最後に附添《つきそ》わんとの御心事であられたであらう。間もなく先生よりの御便りも到着した。その一節に

今や小生も非常の決心を以て難に当たるの啓導を感じ居候　人を恐れず神を仰ぎ友を信じ決死の一途を辿り申す可く候　何れ積るお話は拝眉の上申述べまた承り度候　諸友へ呉々もよろしく　主基督の恩寵兄等の上に厚からん事を祈り居候

と記された。基督の十字架の恩寵に対する自己尊重の念を苟《いやし》くもせられない先生が、かくも己が生命を糞土《ふんど》の如く惜しまれなかった御心中はここに語る迄もない事であろう。

併し先生の斯《か》く迄の御覚悟に基く伝道も遂には許されなかった。十月二十五日女子協愛会の伝道に赴かれて夜晩《おそ》く御帰宅後、更に病重きを加へられ引続き非常なる御重態となられたのであっ

た。而《しか》もどうであらう。我等はその重態の先生より次の如きお便りを受けたのであった。

意識漸く恢復《かいふく》諸兄の友愛を感謝いたします。主の許しを得て我必ず汝らに再度到らん事を確信す　共助会員基督と其十字架の為諸兄結束益々御励み下され度く重き病の床中より共に遥かに祈ります　主の恵の諸兄の上に豊かならん事を

と。ここにも私は多くの筆を加える事を差し控え様。先生の文そのものが最も明かに先生の信仰・使命・友情を物語ると信ずるから。かくして先生は遂に京都には見えなかった。のみならずその御病床の生活は遂に再び癒ゆる事なく翌十四年三月には召天されたのであった。併しこの深き使命の自覚に立つ真剣にして壮烈なる先生の信仰と友情とに我等京都の共助会員たるもの如何なる感銘を受けたるかはまた多くを語る迄もない事であろう。我等少数の者は先生によりて示された信仰と友情とを通して京都に対する神の聖旨を知り、身に余る感謝と光栄とを覚えつつ終生この地に共助会の為に戦わしめられん事を願うに至った。

三

此の如くして出発した京大共助会はここに十年の歳月を経過して来た。此の間ここに書き並ぶ可き謂《いわ》ゆる事業とては何もない。イエスも言い給うた「神の業はその遣《つか》わし給へる者を信ずる是

なり」と。当に我等の十年の事業も只此《ただこ》の一事に尽きる。一週間おきの例会と、春秋二回の公開伝道と、全共助会の伝道計画に基く京都分担の高校伝道とは、我等の仕事の大部分であるが凡《すべ》ては此の事業の為の営みに外ならない。外より見たる我等の生活はいとも単調なる生活と言え様。併《しか》し十年の歳月我等は少しの倦怠《けんたい》をも覚えない。同志の数から申せば常に十数名前後に過ぎない。併《しか》し人数は少数でも我等の団体は現役兵のみだと言い度《た》い。永久に予備後備の兵隊は必要としない。少数ではあるが一人一人が明かな信仰意識に立ち使命の自覚に生きて居る。我等の同志にして京都を去って祖国の諸所に出で行きし者、或は東京に、千葉に、和歌山に、長崎に、大分に、鹿児島に、台湾に、奈良に、阪神に、共助会が主より委ねられた使命の自覚に生き共助会員たるの責任を覚えつつ信仰生活を励んで居らるる。京都は青年の活動す可き地ではない。為に学窓を出でてはこの地を去らるる方の多きは誠に淋しい。併し祖国の諸所に信仰一つ使命一つ祈り一つなる同志の散在してある事を思えばまたなき我等の喜び・希望・励ましである。

我等はこの十年間によき同志を二人まで聖国に送った。昭和三年に岡藤政之祐君を送り、昭和八年には伊藤栄一君を送ったのである。しかし両君とも実によく共助会同志としての面目を発揮して信仰による勝利の生活を終えられた。岡藤君は不治の病（喉頭結核）を身に負うて最後の病床に就かんとして次の如く語られた。

実は殆ど不治の病と決った事でもありまた長引く事でもあるので今後如何にして行こうか

と迷った。看護と言う点から言うならば郷里に帰った方がよいしまたここに居れば諸兄にお手数をかける事でもあるので郷里に帰って病を養《やしな》おうかと思った。併し郷里に帰れば、それらの点については都合はよいけれども自分の魂が不安である。それで自分はまた考へ直した。諸兄にはお手数をかける事ではあるけれども共助会の友情はかかる時こそお手数をかけてもよいのではないかと思った。それで京都に止って病を養《やしな》おうと思うが如何でしょう。と。かくして同君は京都の地に半歳にわたる病床の戦いを戦って聖国へと凱旋されたのであった。伊藤君は最後の病床生活を大阪の地に送られた。併しその祈りは常に共助会の使命の上に注がれて居た。京都の地に共助会の為に生涯を捧げ度きは同君の願いでありまた決心でもあった。併《しか》し遂《つい》に同君のその願いと決心とは許されなかったが、病中同君は自分が死んだなら京都に葬って呉れと語られたとの事であった。我等は近き日同君の希望を実現せんと計画している。また以て同君の祈りが何辺《なへん》にあったかを知り得様。此の両君の信仰の勝利は実に共助会の信仰の勝利であり我等の感謝また誇である。併《しか》しまた仰いで同君達の共助会に対する信頼と期待とを思えば粛然として我等の責任の重きを思わざるを得ない。

更に我等は共助会の存在を縁起に教会と女子共助会の起された事を記し度《た》い。両者ともその発展は今後に属するとは言へ我等は感謝深く前途に大なる希望を持つものである。

最後に十年の共助会生活を貫いて力ある大きな働きをなした「稲城」の同志の共同生活と東京

にある共助会の先輩同志達の絶えざる友情による励しに就いて記し度《た》い。「稲城」は鈴木・金子・草間・田中・鈴木（讓）・和仁・伊藤・松隈・奥田等我等の多くの者にとっても記念す可《べ》き信仰の古戦場であり、常に数名の同志はここにあって力強き共なる信仰生活を捧げられている。その共同生活の精神は共助会の中によき大いなる力となって働いているのである。

我等は過ぐる十年の間目に見ゆる指導者とては全く存しなかった。併《しか》し東京にある共助会の先達たちは如何に真実を尽して此の我等の欠けたるを補って下さった事であらう。十年の間春秋二回の公開伝道には常に我等の先頭に立って京都の為に戦って下さった。私共は今謹んで此の長き間の主にある友情に心からなる感謝の念を捧げたい。

四

以上私は十年の共助会の戦跡を顧《かえり》みて来た。謹んで祈りの座に心静かに之《これ》を思い廻す時、神と師友との前に誠に我等の不信仰故に至らざりし数々を思わずには居られない。京都の学窓の友の為に、やがては祖国の為に、遂に凡《すべ》てが基督の為に、との血涙滲《けつるいにじ》む亡き師の祈りの前に我等の十年の戦いは未だ序の口に過ぎないのを覚ゆる。我等は今第二の十年を歩み出さんとして謹んで神の前に罪を悔い数段の深き覚悟を以て立ち上らねばならないのを覚える。我等は小にして弱なりと言えども、今日迄絶へず我等を顧み助け給うた十字架の主によって、全共助会の中に我等が託された西部日本に対する我等の責任に当らねばならぬ。行く手は遠く道は険しくとも、そしてよし志半ばに倒るるとも我等は我等の力の限り最後迄戦わねばならぬ。この使命の故にこそ我等は共助会を愛し、その成長を祈る。併《しか》しその成長は多くの宗教団体の中の一団体として優たる存在たらんと言ふが如き事ではない。此の重大なる伝道上の責任に対して我等の団体のみが使命あると言うのでは勿論ない。同じ信仰精神の団体の他に続々起らん事は我々の切なる願いである。殊に京都の地にある多数の学園の中にかかる団体の起きん事を我等は祈って止まぬ。併し我等は他との比較を絶して我等は神の前に厳然とたてられたる我等の使命を確信して之《これ》に立ち向はねばならぬ。併し我等の戦いは決して一挙になる可《べ》きではない。人々の魂の根底に主の十字架が求められざる限り目に見ゆる凡ての業は所詮《しょせん》空《つい》しい。我等は深き憂と忍耐とを以て、滴一滴祖国の同胞兄弟姉妹の魂が十字架の主を迎え遂に主のものとならんが為に、かくて、やがて祖国が主に於て救われんが為に祈り励まねばならぬ。今筆を措《お》くに当って、主にある我等共助会の使命の為に弱き我等の上に更にさらに深き切なる祈りの加えられん事を願って止まない。

〔第16号、一九三四・六・一〕

神と人間の意志

福田　正俊

「御意《みこころ》の天のごとく、地にも行はれんことを」（マタイ伝第六章一〇節）

今日最も屡々《しばしば》叫ばれて最も忘却の淵に置き忘れられたものは神の意志である。神は天と地の創造者であり、今厳として存在し、人類の歴史を指導し支配する。神は時を住家《すみか》とし給わない、彼の前には千年も一日に等しい。神は儚《はかな》き人間の思索によって造られたものではなく、彼は人間を塵に帰らせる。神は何物にも束縛されることのない最も自由な主である。聖書の代表的な箇処は詩篇第九十篇にある、「山いまだ生出《なりい》でず、汝いまだ地と世界とを造り給はざりしとき、永遠より永遠まで汝は神なり。なんぢ人を塵にかへらしめて宣《のたま》はく、人の子よ汝ら帰れと。」世界のこのような自由な主の意志を吾々は何に由って知るか。イザヤ書にも「わが道はなんぢらのみちと異れり。天の地よりたかきがごとく、わが道はなんぢらの道よりも高し、わが思はなんぢらの思よりもたかし」と記されてあるし、使徒パウロにも「ああ神の智慧と知識との富は深いかな、其の審判は測り難く、其の途《みち》は尋ね難し」との言葉がある。人間は彼自身によって神の意志の何たるかを知ることが出来ない。神の意志が何であるかを知り得るのは唯だ神の言を通してのみ、神自身が人類に語り掛け給うことによってのみである。ナザレに生れ、人間の制限と運命と苦悩を負い、罪人の死を死し、栄光のうちに復活し給うた基督に於て、聖なる、義なる、遥《はるか》なる、隠れたる神が吾々の立つこの地上に、吾々に何物よりも遥《はるか》に近く偕《とも》に立ち給うのであって、これが神を認識し得る唯一の確《たしか》なる場処である。この外に吾々は神の自由な意志を確実に知らない。我を見しものは神を見しなりと基督御自身も言われた。

吾々は信仰のかかる主張に懐疑或は反対の生ずることを予想するに難くない。第一に若《も》し神が天地の創造者であるならば吾々は創られた自然を通して神の意志を忖度《そんたく》出来ないか。第二に人間の歴史のなかには長い経験によって精錬された伝統と文化と知識の集積とがある。例えば日本国には優秀な過去の芸術と伝統と民族性とがある。これは今日日本精神と基督教の関係の問題として新しく考え直されている問題である。私はそのことを良傾向として容認するに吝《やぶさか》ではない。併《しか》し日本精神や日本文化の中にも神的なるもの、絶対的なるものが存在し、神の意志其物《そのもの》が日本文化の発展のなかに認められ、かくて吾々は神の言たる基督とともに日本精神にも「神の言」を聴かなければならないのであるか。日本精神もかかる絶対性を要求し得るものであり、神の言と比肩して権利を要求し得るものであるか。今日独逸《ドイツ》の基督教徒が国家主義的色彩の宗教統一策の下に非常な激動のなかに直面しているのは、独逸国という土と独逸民族という血とが、基督教の本質に参加してよいかどうかの問題である。神の言と民族の文化精神との関係は同時に神の言と、高貴な精神で導かれた文化事業或は協力運動——屡々《しばしば》基督教的という形容詞が冠せられる——との関係にも当嵌《はま》る問題である。其等《それら》が人間の同情や人類愛や、より善き互助の生活を実現しようとする理想主義的運動であることも一応認めてよいとしよう。併し其等が其儘《そのまま》に神自身の事業であり、其処《そこ》に神の意志が現われているか。この問題は神化された恩寵の機関であることを確信する加特立教会《カトリック》の場合にも、原理的には福音主義的教会の場合にも必ず生じ得る問題である。茲《ここ》に吾々は極めて厳粛な決断の前に立たされていることを感ずる。主なる神の言に吾々が「単純なる然り」を捧げ、人間の可能性（いかに高くあろうと）と自由と論理との全部を服従せしめて主の御《み》言《ことば》を全き真理たらしめているかどうか、の決断が現在求められている決断である。神の言と人間の世界観、神の国と人間の文化、神の僕と人間の自由との間には「而して」なる接続詞は存在しない。神と神の言とは吾々の全部を要求する。「手に鋤をつけてのち、後を顧《かえり》みる者（人間の自由を再び恢復せしめようとする者）は、神の国に適う者」ではないのである。其故《それゆえ》人間の中に、普通に然《し》か考えられているように如何に美しい要素や運動があるとしても、窮極的には其等を遥に超えて吾々は「汝の聖旨《みむね》を成させ給へ」と祈らねばならぬ。民族の運動や社会運動其物《そのもの》のなかに安住することを許されず、其等を遥《はるか》に高く超えて「汝自身の聖旨《みむね》を成させ給へ」と祈る必要がある。さもなければ吾々は結極人間を過信し人間のなかに神の栄光と自由とを掠奪してしまうことになるのであろう。人間の一切の意志、願望、計画、理想は最後には神の審判の下に立たされている。吾々は神の意志其物を神の言たる基督に於てのみ発見し、然も此処にのみ神の意志を知り得るのであって、其他のいかなる第二第三のものを知らない。茲《ここ》に信仰の決断が要求されて居り、この決断なきものは基督者ではない。神の言が絶対の標準であって、人間の一切の意志は其《それ》にのみ服従し、この最後のものから力も指導も得て来なければならない。神の念《おもい》は人の念よりも無限に高い。其故に人間は人間自身を超えつつ「神自身の聖旨《みむね》を成させ給へ」という服従と従僕の祈を常に捧げなければならない。そこで最も肝要なことは人間が飽くまで人間として止《とどま》り、神の意志をして「神の」意志たらしめること、人間が神の「自由な」意志と栄光とを簒奪《さんだつ》しないこと、カイゼルのものはカイゼルに、神のものは神に返すこと、神を真に人類の「主」たらしめることである。此《これ》拝礼の真正の意味であり、神の祷《いのり》の真精神である。祈は自己に栄光の帰ってくる自己主張ではなく神の自由なる主権に対する服従でなければならぬ。今日神は死せりとの声、教会の何処《いずこ》に神は活けるかとの非難を屡々《しばしば》聞かされる。人間の文化が、人間の歴史と事業とが、人間の側に神の意志を簒奪する時に、神は人間の眼からは確に滅んでしまう。この危険は神の事業と自負する教会運動のなかにすら（寧ろなかにこそ）充分に多いのである。併し人間が純粋に人間の範囲内に止《とど》まり、罪人として神の言《ことば》なる基督を仰ぐ時、神は生ける自由なる主として畏れと戦《おのの》きとを以って認識される。だから聖旨《みむね》を成させ給えとの祷《いのり》は人間が自分自身の地位と立場とを識《し》り常に罪人としての立場に止りつつ、神の自由な罪の赦と潔《きよめ》の力とによって生きようとする基督者の根本的な生活態度に外ならない。若し人間自身が力を持ったならば彼は神の力を根本的には必要としない。若し人間が罪人でなければ彼は神の愛によって慰められ、聖潔《きよめ》と真理との御霊によって生かされたものではないのである。神語り人聴き、神与え人受けるということが言葉通りに基督者の根本の態度である所以《ゆえん》である。基督に於て神自身の自由なる赦《ゆるし》と潔《きよめ》との聖旨《みむね》を吾々《われわれ》に成し給えということこそ基督者の祈祷でなければならぬ。私は玆《ここ》にパウロの「我は汝らの衷《うち》に善き業を始め給ひし者の、キリスト・イエスの日まで之を全うし給ふべきことを確信す」という言葉を想い起こす。この言葉は神の聖意《みこころ》の真実さを告げる。それ故に基督の言《ことば》を現在聴くものとして吾々は更に将来を展望し、新しい天と地とを創り給う日其処《そこ》には罪も涙も悩みもなく「義と平和と喜悦」とが充ち溢れる御国の来る日を俟《ま》ち望まなければならない。赦罪《しゃざい》の言を聴くことが基督者の最初の態度とすれば、神国《かみのくに》と赦《ゆるし》の完成とを待つことは其の最終の態度である。「聖旨《みむね》を成させ給へ」はこの終末の希望の表現である。そして希望はこの地上に棲息する基督者の日毎の精神的気象である。それが詩篇百三十篇の「わが霊魂は衛士《えじ》が旦《あした》をまつにまさり、誠に衛士が旦《あした》をまつにまさりて主を待てり。」の愬《うった》（相手の心や感覚に強く働きかける。）えるような詩想に外ならぬ。神の国（神の支配）を来らせるものは、人間の一切の努力ではなく、最善の文化的努力さえでもなく、況《いわん》や歴史の内在的発展と其化実の結果でもなく、唯《た》だ神御自身の意志の遂行であり、神御自身の御手《みて》のわざである。神が人類の自由なる主として自由を以て自然を創造し給うた如く、神はまた絶対の自由を以て歴史を完結する。其時《そのとき》と日とを知るものはない。時も亦《また》神の御手のうちにある。其故《それゆえ》吾々は眼を覚《さま》して謙虚に待ちつつ望みつつあるものに外ならない。「されば他の人のごとく眠るべからず、目を覚して慎むべし。」これが自由なる神に栄光を帰しつつある基督者の生活である。

かかる基督者の生活態度に再び誤解の来ることを避け難いであろう。それでは基督者は無為にして生活を軽視し与えられた具体的社会と文化とを蔑視し、安舒《あんじょ》（安らかで落ち着いたさま。）として座視するものであるか。否、基督者の冠冕《かんべん》（いちばんすぐれているもの。首位。第一等。）たる希望から始めて多忙なる、充実した力ある生活が生ずるのである。否、真の希望はいつも切迫した準備の生活其物《そのもの》である。既にイザヤ書には「然はあれどヱホバを俟望《まち》むものは新なる力をえん、また鷲のごとく翼をはりてのぼらん」と歌われているではないか。主イエスは、天国の譬の中の主人と慧《かしこ》き僕の物語に於て、タラントを与えて旅立ちした主人の物語に於て神国を俟ち望むものの多忙な活動的な生活を描出し給うた。基督者は「善かつ忠なる僕」、心を熱くし主に仕うる者でなければならぬ。国籍を天に持ち此の世界を植民地〔ママ〕として与えられている基督者は、労働者のように額に汗して孜々《しし》（熱心に努め励むさま。）として労働せぬ訳にゆくであろうか。彼は基督に於てあらゆる愛の労苦と奔走とを厭わぬであろう。併し赦罪と希望の約束によって生きる基督者はその生活に誇を置き価値を認め、人間の意志に神国実現或は真の教会実現の矜持《きょうじ》をもつことが出来るであろうか。彼に許された言葉は「我は無益なる僕なり、為すべきことを為したるのみ」であるより外にはあり得ない。卑しい、あって甲斐のない、余分なるものということが基督者が懐《いだ》く平生の自己認識でなければならない。其故イエスの譬によると神国に迎えられたものは自己の為した業の価値を全く知らないのである。「主よ、何時《いつ》なんぢの飢えしを見て食はせ、渇きしを見て飲ませし。何時なんぢの旅人なりしを見て宿らせ、裸なりしを見て衣せし。何時なんぢの病み、また獄に在りしを見て汝にいたりし。」基督者は如何に善美な業を為すことありとも――彼はそれを為さねばならない――其を最後には超えて「神御自身の自由な聖旨《みむね》を成させ給へ」と祈るものに外ならず、自己の行為を神の審判のもとに置き、神の赦罪の言に信頼し、希望によって眼を覚し、神の約束にのみ信頼と傾倒とを置くものの謂《い》いである。赦罪と希望とが彼の最初にして最後の言葉であって、生活の如きはその仲間項として蔭に蔽われて没してしまう。勿論主来り給う日、「まことに汝らに告ぐ、わが兄弟なる此等のいと小さき者の一人になしたるは、即ち我に為したるなり。」という称揚の言葉を以て人間の意志が神の意志を喜ばしめたことを始めて自知することはあり得るであろう。併し其は尚お今日のことではなく、未知の希望の世界に属することである。吾々は現在は旅人として神の意志を成し給えとの祷に日々終始し、自由な主の意志に光栄あらしむべきものである。

（一九三四・六・二四）

論旨は今一段深め得また敷衍《ふえん》しなければならないことを感ずるが、今は推敲の余裕を持たぬので此儘御送りする。この草稿を作るために一匿名の兄姉の御厄介になったことを感謝する。

〔第18号、一九三四・八・一〕

旧約聖書の神観

浅野順一

一　序言

如何なる宗教に於てもその中心をなし根柢をなすものは神観であろう。神を如何に経験し之を如何に認識し、また表現するかは、その宗教の全部を決定するものであると称して差し支えないと思う。此のことは聖書の宗教について特に然りである。神観を除外して我々は旧約の宗教を語り論ずることは出来ない。

然るにイスラエル民族の原始以来彼等によって経験され表現せられたる神観を系統的に概括的に論ずることは甚だ容易ではない。今より述べんとするところは唯その特色の数点を挙げるに過ぎないのである。先ずその神名から記そう。

二　神名

（イ）エル及びエロヒム（神）

イスラエル人固有の神の名はヤーウェ（Yahweh）である。普通にエホバと称《よ》ばれているが、之は誤れる発音であってそのことについては後述する。ヤーウェに関して論ずる前に先ずセム人一般の神名について述べることとする。申すまでもなくイスラエル人はセム族の一分派であった。

第一に挙げらるべきはエル（ʾēl）であるが、此の神名は旧約聖書に於ては主として詩歌に於て用いられ散文に於ては少ない。また「エル」と組み合わせた複合的なる固有名詞も多々見うけられる。例えばイシマエル（Ishmaʿ-ʾēl 神聴き給う）ベテル（Beth-ʾēl 神の家）イスラエル（Isra-ʾēl 神勝ち給う）等は之である。

此のエルの意義を適確に定めることは不可能であるが、力を現わすかまたは方向を現わす名称である。従って此の神名をもつところの神には「力強き者」「導くもの」または「命ずる者」等の如き意義が存している。

一体セム人種の神経験は力と言うことであり、彼等の宗教経験は偉大なる力の前に戦慄を感ずることである。唯旧約聖書の神観について注意すべきは、此の力としての神が父祖の名前と関係づけられている事である。例えばアブラハムの神（創世記三一・五三）イサクの畏《かしこ》む者（同三一・四二）ヤコブの全能者（同四九・二四）等であり、また屡々《しばしば》父祖の神と呼ばれている（同二六・二四、二八・一三）。如斯《かくのごとく》旧約聖書のエルは先祖達と特別なる関係にあり、此のことは力としての神エルが歴史の神であって自然神ではないことを意味するものである。即ちエルはイスラエル人にとって単なる自然的なる力ではなく、むしろ彼等の歴史の内に経験せられたる人格的なる力であつた。

従ってエルは地方的なる神殿とは結合せられなかった。之はエルが自然宗教に於ける生霊に非ざりしことを意味するものである。此の事は、従来カナンの神殿なりしものがイスラエルのものとなり此処にヤーウェが礼拝さるるに至りてより、之等の神殿が父祖の歴史に連絡を持つこととなりたるによっても了解せられる。例えばアブラハムはベエルシェバと結びつけられ（創世記二一・三三）ヤコブはベテルと結びつけられている（同二八・一九）。

イスラエルの神が父祖の歴史と関係をもっていると言うことは、エルが単に恐るべき自然的なる強力と言う意味にとどまらずして、力の神なると共にイスラエルを恤《めぐ》み之を救《たす》くる神であることを意味するものである。

此のエルと複合せる神名にエル・シャダイ（'el-shaddai）と言うのがある。（創世記一七・一）その意義は恐らく全能者（Algewaltiger oder Allmächtiger）と言うのであろう。その外エル・エルヨーン（'el-'elyon）と言う名称もあるが之は「いと高き神」と邦訳せられている（同一四・一九）。之は神々の王国若《も》しくはパンテオンの最上位に位する神と言うところから来たのではあるまいか。またエル・オーラム（'el-'olam）永遠の神と言う名称もある（同二一・三三）。

旧約聖書に於て最も普通に用いらるる神と言う名称はエロヒム（'elohim）である。此のエロヒムは複数形の神名であるが、此の一事によって旧約の神はその原始の時代は多神であったであろうと推論する事は速断である。エロヒムは極く稀に複数として用いられている場合もないことはないが、併し多くの場合此の名詞を受ける動詞の形は単数なのであって、多くの人格を表わさず一人格を現わすものである。斯《かか》る複数形は或観念を強めたり拡めたりする為に用いられ、旧約学者により抽象的複数（Abstraktplural）と称せられている。

然らばエロヒムは如何なる名詞の複数であろうか。デビドソンは、前述のエル即ち力の複数で非常なる力強大なる力を現わすと言い、またケーニヒは、エロアハ（'eloah）即ち恐れの複数で非常におそろしきものを指すのであると言っている。

預言者エリヤはカルメルの山に於てヤーウエのみ神（エロヒム）であることを主張してバールの預言者たちと戦った（列王紀略上一八・二一）。

如斯《かくのごとく》エロヒムは神そのものを現わすのであって神性（Gottheit）を意味する。創世記第一章に於ける創造神は、神的な力の総体としての人格を表わしているのであって、多神論ではなく厳正なる唯一神観の上に立ちたる天地創造・世界支配の神である。

（ロ）イスラエル民に固有なる神名（ヤーウェ）

前述の如くイスラエル民の神の名称はヤーウェであるが、之を通常エホバととなえていることは誤りである。之はヘブライ語の主（'adonai）の母音を以って Yhwh の四つの子音を発音せしめたものであって、エホバは基督教会に於てはじめられた誤りたる発音である。

ヘブル人はその神名をとなえるは畏れ多きこととし之に代わるに主('adonai)を以ってした。之は一つには「汝ヤーウェの名を妄《みだり》に口にあげるべからず」と言うモーセの十誡中の第三誡が、後代に機械的に解釈せられ遵奉せられ、絶対に之を口にとなえることとせざりし結果、如何にその神名を発音すべきか忘れて了《しま》ったのであろう。

旧約学者は Yhwh の四文字を Yahweh と発音せしめているが多分之が正しい発音の仕方かと思われる。

ヤーウェはもっと短くヤー（Yah）或はヤーフー（Yahu）とよばれ、之は主として詩に用いられている（詩篇六八・五、一九。一一八・一七、一八）。

然らばヤーウェとは如何なる意義であろうか。Yahweh とは多分 hayah 或は hawah と言う動詞から出て来た名称であろうと言われている。この動詞はいろいろに解釈せられるが最も具体的なる解釈に従えば「落ちる」との義に理解せられる。従ってヤーウェとは「落す者」或は「降らす者」との意味であると言う。即ち落雷せしむる者、雨を降らす者と言う義であって、ヤーウェを自然現象に関係せしめて理解しようとする解釈である。エレミヤ記に「異邦の虚しき物の中に雨を降らせうる者あるや、天みずから白雨《ゆうだち》をくだすをえんや、われらの神ヤーウェ汝之を為し給うにあらずや」という言《ことば》がある（一四・二二。アモス書五・四参照）。

併し乍《なが》らヤーウェを斯く主として自然的に解釈することは妥当とは言い難い。

前述の hayah と言う動詞には此の外に「在る」という存在的意味がある。モーセがミデヤンの野に於てヤーウェの神を拝せる時、神はその名を明かにし「我は有りて在る者なり」と言うている（出エジプト記三・一四）。モーセの宗教とヤーウェとの間には密接なる関係あり、ヤーウェと言う神名が、仮りに聖書に言えるが如く（同書六・三）始めてモーセに明らかにせられたのではないとしても、此の神はモーセを通して新しき宗教的原動力また激しき意志としてイスラエル人に迫って来た。

併し此の「在る」と言うのは哲学的な絶対的存在とか自己決定とか言う意味ではなくもっと現実的なまた使命的な意義をもっている。アイヒロットの言うが如く「我は現実にまた真実にあり」とかまた「我は先にありし如く今も助けんとしまた働かんとしてあり」と言う意味である。

されば神はモーセに対して「我有りと言う者我をなんじに遣わし給うと」（出エジプト記三・一四）と宣言している。之によればヤーウェは、昔先祖達にありし如く、今もモーセの傍に現実に在り、且つ之を励まし使命を以って立たしめる救の神として理解することが出来る。ヤーウェは静的な存在として思索の封象たる神に非ずして、動的存在としてイスラエルに迫り来る相に於て認識せらるる神である。我々は以上の聖句の内にイスラエルをエジプトより救い出さんとするモーセの使命とヤーウェの神名との間に特別なる関係あることを見るのである。

またhayahと言う動詞には「成る」とか「来る」とか言う意味が含まれている。即ち存在的なる意義と共に啓示的な意義もあるのである。さればヤーウェは自らを啓示するところの神である。ヤーウェは歴史の内に自己を現わす神であった。モーセの神なると共に「先祖等の神アブラハム、イサク、ヤコブの神ヤーウェ」であった。ヤーウェは決してモーセの発見にかかる新しき神ではない。彼に於けるが如き明確なる把握でなくても、己に既に先祖の歴史の内に自己をあらわしイスラエルの民に働きかけし神である。

如斯ヤーウェは静的な観念的なる神に非ずして動的なる啓示的なる神なりしが故に、此の神は思索すべき神に非ずイスラエルが使命的に動くときに最も力づよく経験せらるる神であった。ヤーウェが救の力としてイスラエルに臨む時に、彼等はその信ずる神が最もヤーウェらしくあることを知った。「我わが手をエジプトの上に伸べてイスラエルの子孫をエジプト人の中より出すと

きには彼等われのヤーウェなるを知らん。」(出エジプト記七・五)
ヤーウェと複合せる神名に「万軍のヤーウェ」(Yahweh Zebaoth) と言うのがあるが、之は最初は神の櫃《はこ》と深き関係あり、イスラエルの戦争に交渉があり、戦神としてのヤーウェを現わす神名であった(サムエル前書一七・四五)。此の場合万軍とはイスラエルの軍を意味するものであった。然るに後世万軍は天の軍勢即ち天体また気象を意味するに至り、更に広くは天上地上一万の存在及勢力を指すようになった。それ故万軍のヤーウェとは全宇宙の主を意味し、超越的創造的なる神観を現わす神名となった。アモスは此の意味に於て万軍のヤーウェまた万軍の神ヤーウェと言う名称を用いている(アモス書三・一三)。聖書のギリシヤ訳が kurios Pantokrator と訳していることは正しい。

その他種々なる神名が旧約聖書の中に用いられているが、之にて止め、次に神の本質のことに入りたい。

三　神の本質

旧約聖書に於ける神の本質に関し、その存在的方面を三つの方向から考えることが出来るであろう。先ず第一に挙げらるべきは神の人格性である。

（イ）神の人格性

神名の告白は神の本質の啓示を意味している。隠れたる神が名を告ぐることによって自らを明らかにするのである。斯くして神は唯抽象的なる存在或は漠然たる宗教的感情の対象にとどまることなく、如何なる存在なるかを具体的に題示する。イスラエル人は神名をとなえることによって彼等の神の現在を経験した。神殿は実にヤーウェがその名を置きしところである（申命記一二・一一、二六・二）。

名は実体であり且つその実体のもつところの力を意味している。神の名をとなえることは神の祝福の力を発動せしめることである。であるからモーセはイスラエル人が濫《みだり》にヤーウェの神名を口にすることを厳禁した。何となれば彼は神名が呪術的に従って迷信的に利用さるることを恐れたからである（出エジプト記二〇・七）。

併し乍らヤーウェはその神名をその民に秘することをせず、進んでモーセに之を明示した（出エジプト記三・一四）。之はイスラエルの宗教に於てはヤーウェは絶対に自由なる存在であり乍ら同時に神の側に於て自らの如何なる存在なるかを民に向って示さんとするものである。

旧約の神名は最もよく神が人格的存在なることを現わすものである。エル、エロヒム然り特にヤーウェに於て然りである。神の働きは自然の中にあるよりは寧ろ人間生活の内にある。旧約の神は第一に歴史に於て自己を示す神であって、自然に於ける神と言う事はイスラエル人の宗教経験からは寧ろ遠くあった。

神の本質が自然的なるときに多霊者が生れ多神教が生れ汎神教が生れる。旧約に於ける神は先ず人との交りを強く要求する。夫故《それゆえ》此の神は無意識的なる生命とは考えるを得ず、自覚的なる人格的存在と考えざるを得ないのである。

モーセの宗教に於て此の人格的意志は畏るべき力として経験せられた。嫉《ねたみ》の神（'el-qanna'）は之である（出エジプト記二〇・五、三四・一四）。従って此の神はイスラエルに対して支配的意志として迫り絶対的服従を要求した。イスラエルの指導者達はモーセもその民をしてヤーウェに忠誠ならしめんが為には暴力をも剣をも用いることを敢て辞せぬ程に激しかった。後代の預言者は剣に代えるに言を以ってしたが、彼等がヤーウェに対して甚だ熱心であったことは変らない。

序《ついで》に、旧約聖書に於ては神の存在について疑問を提出していない。ヨブ記や伝道五書の如き懐疑的な文学に於てさえ然りである。イスラエル人は神の存在をば自明なることとして承認している。唯「愚なる者はその心の内に神なしと言う」（詩篇一四・一）。此の愚人も理論的に神の存在を否定する輩《やから》に非ずして、神在ることを知りながら神なき者の如く傲慢に振まう徒《ともがら》である。

（ロ）　神の霊性

神を人格的に考えるということは神を自然力と同一視しないということである。神の人間的表現を神人同形論（Anthropomorphismus）と言うが、之は汎神教的な神観から脱却せんとする努力である。旧約聖書に於て神は人間の如く睡《ねむ》ったり、呼吸したり、憎んだり、怒ったり、呪ったり、喜んだり、悔いたりしている。創世記の神は夕風の涼しき頃エデンの園を歩む神であった。また詩篇には神は勇士の如く酒に酔い睡りて起さるとさえ歌われている（詩篇七八・六五、四四・二三）。

一体旧約聖書に於ては神の霊性と言うことよりもその人格性の方が前面に出ている。預言者の如きも神を人の如く大胆に表現している。イザヤは言う、「エホバ勇士の如く出で給う、また戦士のごとく熱心をおこし声をあげてよばわり言々」と（イザヤ書四二・一四）。旧約聖書は神の霊性を哲学的に教えていない。旧約の神観によればむしろ神の人に対する直接性の実感の方が豊かである。而も旧約の神経験は一切の人間的なるものを超越している。エル・エルヨーン（いと高き神）エル・シャダイ（全能の神）万軍のヤーウェ等の名称は此のことを証明するものである。神人同形論は決してイスラエルの絶対的なる神を制限するものではないのである。

神人同形論の動機はむしろ「活ける神」の実感的表現である。旧約には屡々《しばしば》「ヤーウェは活く」との語が用いられている。イスラエルの神は人の如く感情し意志する神であったが、偶像に彫《きざ》まれて礼拝せらるることを絶対に許さざる神である。モーセの神は前述の如く嫉む神であったがまた偶像を厳禁する神であった(出エジプト記二〇・三)。偶像禁止は明らかに神の霊性の主張である。

預言者の神はどこまでも絶対的普遍的であったが、同時に人格的であった。理論は兎《と》に角彼等の神経験に於て両者は矛盾することなくして併立している。それは預言者にとって神は実際に活きて彼等に働きかける力の神であったが為であろう。彼等の神は絶対的であるが同時に自由に人間の世界に入り込み来る神であった。

最後に附言すべきは他の宗教に於ても神を人間の如く表現する。例えばギリシヤの神々は皆人の相に於て歌われ語られている。然るにギリシヤの宗教に於て之等の数多《あまた》の男女神は皆自然の一つ一つの力また原素を人間化したものであり、彼等にとって最も親わしきは自然であった。神々あらざる先に自然はあったのである。然るにイスラエル人にとって先ず人格的創造的の神存在し、之から自然が造り出されたのである。自然から神が生れ、之が人の如き相に於て拝せられたギリシヤの神観と、先ず神ありて自然が此の神によって創造せられたヘブルの神観とは、同じ神人同形論であってもその行き方を全く異にするものである。

（八）　神の独一性

神の独一性は旧約の神観に於ける最大の特色であり、前述せし如くモーセ以来イスラエルの宗教的先輩がその生命を賭して戦い勝ちとりし信仰である。特に預言者に於てその痛烈なる戦を見るのである。従って此の項を原理的にも歴史的にも最も詳しく論ぜねばならぬのであるが、紙数の都合上他の機会に割愛する。同時に神の業より見たるその本質、即ち神の力・愛・正義・神聖等のことについても全く此処では省略せねばならぬ。

眇《びょう》たるイスラエル民は唯その神のみを財産とした（詩篇一六・五）。彼等の運命は常に神と共にあったのである。国は破れ山河空しくなったけれども彼等の信仰は今日も種々なる形に於て生きて働いている。旧約の神観を正しく把握することは我々基督者の信仰にとっても決定的なる重大性を与えるのである。（終）

〔第24号、一九三五・二・一〕

クリスマス一感想

原田季夫

軈《やが》て一九三六年の御降誕節を祝せんとするに当り「いと高きところには栄光神にあれ、地には平安《おだやか》人に恩沢《めぐみ》あれ」の聖句をめぐって、幼い時のクリスマスの憶い出や伝道者として召されたる今日の降誕節の感想が心の中に渦巻く。

目醒むるような金銀の飾りが蝋燭の光に映える下で心から楽しんだ一年一回のクリスマス、そこには主が幼児を抱いて祝し給うた時のような平和が漂うている。之を無用のお祭騒ぎとするのは中《あた》らない、「平康《やす》からざる時に平康し平康しと言えり」と之を評し去るのは酷である。「我等に敵抗《てきた》はざる者は我等に属く者なり」と曰うた主は、クリスマスを祝せんとする一片の誠だにあれば其の志を嘉び受け給うであろう。

然し人間社会には、靄然《あいぜん》（もやたちこめるの意。）さながら天国の如き情景の中にすら忌まわしき暗闇がある。純真爛漫、天使の如き幼児の心の中にも罪の根の深く埋れあるはアダムの子等の悲しき事実である。されば「地には不安」の祝福は「人に恩沢」なくしては到底成就せらるべくもなかつた。洵に一年の計を樹つる者は穀を植え、十年の計をたつるものは、樹を植え、国家百年の長計をたつる者は人を植えなければならないと謂われる如く、地上永久の平和は罪ある人類の救拯、新しき人の創造に俟たねばならなかったのである。

可憐無邪気な心を以て夢のように美わしいクリスマスを祝った魂は、いずれの日にかベツレヘムの陋屋そのままの如き我が心の中に生まれ給う救主の御降誕を涙を以て感謝しまつる時があろう。かく我等がクリスマスを衷《うち》なる世界に於て体験するとき、神人となって二千年前に地上に生《あ》れましましクリスマスの世界史的意義を確認するを得、宏大無辺なる神の人類救贖の御経綸に驚異の眼をみはらざるを得ないのである。

私は今将に受洗後十三回目の降誕節を迎えんとし過ぎにし満十二年の歳月を顧みて、其の半は伝道者の立場に在りながらも実に為すなきの生涯たりしを悔ゆると共に、先輩・同志の誘掖と鞭撻を裏切りし点の多かりし事を深く恥ずる者である。然し乍ら御恩寵に忍ばれ友情に支えられて遅々たる歩みながらも一年毎にクリスマスの恵を新たにせられ来った事は感謝に堪えない所であって、烏滸《おこ》がましき極みながらも導かれ来りし心の過程を記し以て本稿の責を塞ぎ度く願う次第である。

先づ第一にクリスマスに際して思うことは罪人の友となり給えるキリストである。ファーザー・ダミエンが癩者への熱愛に燃えて単身モロカイ島に這り込み、生涯を癩者の友として捧げし如く、キリストは罪に膿《う》み爛《ただ》れし世界に足を踏み入れ、罪ある人を兄弟と称うるを恥とし給わなかった事の中に限りなき愛を顕し給うたのである。

高等学校在学中、我が身は癩者にあらざるやとの深き疑雲の中にとざされ、懊悩苦悶の間に神の絶対権威を学ばしめられた私は、死にし者の如き我をも猶お生かし給う無限の御愛に感涙して十字架の祭壇に己が身を献ぐる誓を立てしめられたのであったが、大学に進みし後、癩者に対する同情と使命感を沁々心に覚え、幾度か暮色せまる大学図書館の一隅に面を伏せ、只聖旨のみ我が中に行われんことを切願し、若し浮世の名利に心動かされ、前途の困難に使命の道を避けんとすることあらば我が身を癩となしてでも聖心を成らしめ給えと祈らしめられたことであった。こうした生活の中に学ばしめられた教訓は「兄弟と称うるを恥とせず」との御言葉であって、或夏のこと教会に導かれし一人の癩者の兄弟を草津へ送らんとして共に肩をならべて歩んだとき、自分の心境の此の聖言より遥かに遠きを知り、罪人の友となり給える救主を想うて塵灰に伏して懺悔せしめられたことであった。げに「民の罪を贖わん為に諸ての事に於て兄弟の如くなるは宜なり」とのヘブル書の聖言を拝誦するとき、神子受肉の大御業を讃え、其の御恩寵を感謝せずには

おられないのである

学窓生活を終るや、卑しき身を献げ天来の召命と確信する所に向い凡ゆる障碍を排して直進せんと戦ったが摂理の聖手は遂に此の道を許し給わず、暫し静って聖声を聞いた後、一般伝道に主の御召あるを信じ家を出でて伝道所に起居する身となり、自ら勉学しつつ伝道の任に当らしめらるるに至った私は、洵に素養に乏しき今尚修養中の素人伝道師である。只されど身を以て基督を識り奉らんことを希《ねが》い、遺されし聖足の跡に従いゆかん志に生くるとき、「永生とは唯独りの真の神なる汝と其の遣はししイエス・キリストを識る是なり」と曰いし主は、朦き心を徐徐に教え導きて基督を識るの智識に至らしめ給うことを身に余る御知遇と感謝し奉る次第である。

今やクリスマスの感想を草するに当って、我が胸中に往来する思は「罪人の為に死に給へる基督」であり、「罪人の友」となり給える主は自ら進んで茲に到り給うた事を想うものである。ロマ書第五章に「我等なほ弱かりし時キリスト定りたる日に及びて罪人のために死に給へり。それ義人の為に死ぬる者殆ど稀なり仁者の為には死ぬる事を厭はざる者もや有らん、然れどキリストは我等のなほ罪人たるとき我等の為に死にたまへり」と記されあるが、実に基督の犠牲の偉大さは茲にあったことを覚えしめられるのである。窮鳥も懐に入れば猟師も之を殺さずと言う諺があるが、己に頼り来る者の為には犠牲を払うを厭わざるは人情の美であり、感謝せられ得る所に労を捧ぐるは比較的易きことである。然れど基督は我等が犠牲の払い甲斐なき罪人なる時、恩寵を恩寵とも弁えざる忘恩的叛逆者なる時、我等の為に生命を捨て給うたことを憶うて、軽薄なる我が身の奉仕を深く反省せしめられると共に、人間性の頼み難きと望み薄きをやや知るにつれて十字架の犠牲を通し基督が罪ある人類に示し給える絶対的信任と愛の御心に深き感激を禁じ能わないのである。

基督御降誕の夜、天の使は「いと高きところには栄光神にあれ」と歌うた。然し栄光の独子を罪ある人間の為に失うことは天上の最大損失であり、地上に鳴り響くクリスマスの鐘は天上には哀悼の音を伝えたことであろう。嗚呼されど至上至尊の御子キリストが望なき罪人の為に己を空しうして地上に生れましし時、未だ曽て知られざりし神の無限の愛は宇宙の隅々にまで其の光を放ち、天の使も驚歎の目をみはって「至高き処には栄光神にあれ」と讃美の声を放ったことであろう。

聖なる哉尊きかな、罪人の為に生き罪人の為に死に給える基督、我等は彼の中に我等の全存在の溶けさらんことを冀《ねが》うものである。

〔第46号、一九三六・十二・一〕

恩寵の一里塚

原田　季夫

本年の二月三日は小生の献身満十年の記念日であり、主の御前に御恩寵を回顧し信仰の志を新にせしめられたことでありますが、図らずもこの月の「共助」編集委員の方より何か書かないかと慫慂《しょうよう》（勧めるの意）せられましたので、ヤコブが旅路の途上ベテルに於て石の枕をたて恩寵の記念塚となした様な思いを以て、今日迄の辿々《たどたど》しい歩みの中に教えられた祈祷と服従の学課について貧しい感想を書き綴り、感謝のしるしと致す次第であります。

私には此の十数年の間、願いに願った一つの祈願がありました。それは贖主に対する意志の全き服従ということであります。尊き血をもて贖い給える主に対し、知りつつ御旨に不従順ならんよりは最後の血の一滴を注ぎ出しても御恩寵に応えまつらんとの秘かなる祈をこめつつ、至愛なる御神が我が為に編んで下さった最善のプログラムを自らの生涯に成就して頂き度いとの宿望であります。

鹿の渓の水を慕い求むが如くに、此の一事を乞い求め渾身の力を傾けて戦いつつも、敢えなくこの世の大潮流に押し流されゆく不甲斐なき者をも捕えて棄てまさず、強いず迫らず、長き忍びもて心の扉を叩き衷より自発的に魂を開いて全き服従の供物を捧げしめんとし給える御愛に感激の涙新なるものを覚えます。之は甚だ特殊な経験ではありますが、自らが高等学校在学中一年有余の間、癩の疑雲に鎮ぢ込められた事が、私にとりましては信仰生活の一大転機でありました。如何にもして意志の服従をと熱望しつつも我と我が道を選び来りし叛逆児の心底深く潜む「ともすれば神を離れんとする心」を潔め「何処にまれ羔羊の往き給うところに随わ」しめ給う宝血の尊き力と聖霊の不断の御誘導とを崇めずにはおられません。肉体の問題は頓《やが》て解消致しましたが、我が為に独子さえ惜しみ給わざる神が深き御旨を以て肉体を癩にて撃ち給うならば、感謝もて御従いしようとの服従の態度は今なお自らの信仰の根柢をなすものであることを覚えしめられます。

自らのものにして最早自らのものに非ざる「己が身を神の悦びたまふ潔き活ける供物として献」げん事を希う献身の祈は、大学在学中を通しての熱祷でありました。殊に癩者《(原文ママ)》と共に恥を担わんとする願は「世は我に対し十字架につけられ我が世に対するも亦然り」との聖言葉を現実に教え呉れました。

誰か洵《まこと》に、世の毀誉褒貶《きよほうへん》に死に霊の新しきに従いて事《つか》えゆかんとする時、祈らずして一日たりとても生きてゆける者がありましょうか。バウンヅが「祈祷の勇者」の中に言った「祈祷は基督者生活の仕事中の仕事でなければならない。祈る基督者と祈らぬ基督者とでは人間と動物ほどの差異がある」との一句は心に深く銘ぜられる言葉であります。

資性遅鈍才能に乏しき自らの性格的な欠陥は、大学在学中共助会の学生委員を仰せつかった時如実に曝露せられ、先輩が苦心して盛り立てられた学生聖書研究会もさびれさせ、其の後も「流の辺に植ゑし樹の如く其の作すところ皆栄えん」との聖書の標準とは反対の事実を幾度か経験し、かかる欠陥が徐々に補われてゆく為に自らも心を注ぎ涙もこぼした事でありますが、貧しき志と祈だけは聖前にとどめおかれし事を思い感謝致します。

大学当時、私は使命の為に父母の考えている道とは別個な途をとらねばならぬ子の立場にある者の苦衷を神の御前に披瀝し、自らは何の孝養を尽し得ざるも神豊かに報い給わんことを乞い求め中食は概ね断って祈っておりましたが、共助会の講演会のある様な場合は朝食も捧げて数日の準備祈祷を致したことを憶い起します。之はまた将来伝道の道に進む時食えなくなったら食わずに伝道しようという意志を養わんが為であり、其の後何の定った収入もなき伝道者生活に於てこうした訓練がどれ丈力になったかを思い返した感謝に堪えません。

昭和五年三月、大学卒業と共に使命の準備のため東京柏木の聖書学院へ入学致す予定でありましたが、摂理の聖手は遂にこの道を鎖し給いました。一時は谷底に突き落とされた様な気が致しましたが、心を取り直し時到るまで実業界にあって準備するのが主の御旨ならば御従いましょうと暫く家庭にあってその備えをしておりましたが、一般伝道に対する導の次第に強く感ぜらるる儘秘かに献身記念論文に着手し、翌六年二月三日周囲の一切の情実に目を閉ぢ只一言「主の用なり」との御言葉を信じて家を出で、霧雨の止んだ合間に行李一つに蒲団と机とを手車に積んで未だ知らぬ教会附属の伝道所を探し乍ら出で行き、新しき修養の生活に入ったのであります。

代々木上原伝道所に於ける丸三年の生活の後、家庭を持って調布に移り住んでより茲に満七年、この間代々木教会に於ける中等教育機関を補佐し、教会機関紙の編集に当り、寧日なき多忙な歳月を送り、聖書研究に智識足らず、牧会伝道に力乏しきを覚えて謙らしめられておりますが、いづれの日にか大学共助会の一員として恥づかしからぬ労作を纏め上げ度いとの希望を抱かしめられております。

生涯をささげて神の心にかなう潔き献物とならんとの志に活くる時、神は必ずその願に応え、その死をして犬死に終らしめざるため智慧も力も財をも与えて必要なる生贄の壇を築かしめ給うことを信じます。

各自が真に自らの生涯を神に明け渡し、各々が天与の賜物を、最も美わしい調和の中に充分に発揮する所にこそ、神の国の面影は写し出され其の到来の早めらるることを思うにつけ、祖国の中にあって独自な立場におかれた使命団体にしてまた友交団体なる共助会の任務の益益《ますます》重きを感ずるものであります。

我々が「約束のものを受けんが為に必要なるものは忍耐で」あります。私は今一つ祈祷の応答を与えられ深き感謝を覚えております。それは困難多き中に父の為に造り備えおいた教会の静かな一部屋に、近頃はよく父が逗留し拙い息子の説教に耳を傾けて呉れる様になったことであり、逝きし母の霊をも幾分なりとも安んぜしめ得たことを思い、祈に応え給う神に涙もて感謝致しております。

主はルカ伝十八章に於て、人の落胆せずして常に祈るべきことを譬《たとえ》を以て語り「まして神は夜昼よばはる選民のため、縦ひ遅くとも遂に審き給はざらんや、我なんぢらに告ぐ、速かに審き給はん。然れども人の子の来るとき地上に信仰を見んや」と仰せ給いました。

嗚呼実に我等は主の臨り給うとき花嫁の花婿に対する貞節を以て之を迎え奉る少数の選びの民の中に加えられんことを祈って止みません。縦い遅くとも速かに救い給わんとの御約束を固く信じ、神の国を嗣ぐ日まで忍耐もて信仰の戦を続け度いと存じます。

アンドリュー・マーレーが世界の基督教会に大いなる覚醒を与えた「執成の祈祷の務」の中に引用したイザヤ書六四章の「我儕はみな潔からざる物のごとくなり、われらの義はことごとく汚れたる衣の如し、我儕はみな木葉のごとく枯れ、われらのよこしまは暴風《はやぢ》のごとく我らを吹去れり。なんぢの名をよぶ者なくみづから励みて汝によりすがる者なし」の御言葉を拝読するとき、我等の頭は自ら深く垂れるのを覚えます。

実に神は天よりみそなわして「人なきをみ中保《なかだち》なきを奇しみ給ふ」（イザヤ書五九・一六）のであって、主の中保の功により人の世の重荷を負うて中保の任を務むべき基督者が「なんぢの名をよぶ者なく、自ら励みて汝をとらふる者なし」といふ霊的惰眠に陥るとき、主の御心の痛みや如何ばかりでありましょう。

「人の子の来らんとき信を世に見んや」願わくば我等主にこの歎きをかけることなく醒めて祈らんことを。

〔第97号、一九四一・三・一〕

主イエス・キリストを衣《き》よ

聖書　ロマ書十三・十四

山田　松苗

人の心は何物かによって満され、其身体は如何なる衣によってか覆われねばならぬ。しかも其衣は心の内容と生活の様式に変化を来す。ポーロはガラテヤの人々に向って「凡そバプテスマによりてキリストに合ひし汝等はキリストを衣たるなり」と言った。之は人の手にて造れる衣ではなく、神によって与えられた心の衣である。人の手によるものは如何なる美服の中にも凋落の哀調と破滅と落胆の悲涙が秘められて居る。ペテロ前書には「人は皆草の如く其光栄は皆草の花の如し、草は枯れ花は落つ」と有るが、之が地上の衣に覆われた者の姿である。

ポーロはガラテヤ書三章廿三節以下に於て律法の必要を説いた。神が人に律法を授け給うたのは落胆と死と詛《のろい》とを齎《もたら》す為ではなく、之によって罪を知り、砕かれたる魂となって自負と傲慢を去り、謙遜に懼《おそ》れ慎んで神に帰る為である。故に人類は神の福音の恩寵の現わるる日迄此律法の中に閉じ込められては居たが、律法は人類をキリストに迄導く守役・保護者となったのである。斯くてキリスト現われ給うや、人は律法の牢獄より解放せられて自由と永遠の生命が約束せられた事を教え此黎明の時に際して「凡そバプテスマによりてキリストに合ひし汝等はキリストを衣たるなり」と言った。

更にポーロはロマ書十三章十四節に於て、「ただ汝等主イエス・キリストを衣よ、肉の慾の為に備《そなえ》すな」と述べて居るが、此時ポーロは主の再臨の日の切迫せる事を痛感して心迫って居た。今や暗黒な時代は過ぎ去ろうとして居る。神に従う者は眠より覚めて一時も早く光明の甲《かぶと》を着、罪の業を捨て、肉の慾の為の備を止めて、主イエスキリストを衣なければならないと奨めたのである。

先には律法の絆を離れてキリストに於ける福音の暁を迎えようとする時に、後には人々が主の再臨を待ち望んで厳粛なる反省と緊張とを覚え、新しき覚悟をなさんとするに際して「汝等主イエスキリストを衣よ」と言った。即ちポーロが此言葉を発したのは、主の御前に立って真面目に人々が自己の立場を反省せねばならぬ時、善と悪、生と死、救いと亡び等の真剣なる問題が心に往来して良心を揺り動した時である。実にキリストを衣ると言う事は、基督に従う者の最も大切な有るべきの姿であって、バプテスマを受けてキリストに合うとは、即ちキリストを衣た事である。

さて此《この》言葉は如何なる事を意味するかと言うに、第一は聖霊によって新たに生れ、神の新しき創造に与る事で、テトス書三章に示された「唯其憐《ただそのあわれ》みにより更生の洗ひと我等の救主イエス・キリストをもて豊かに注ぎ給ふ聖霊による維新とにて吾等を救ひ給へり」との言葉に有る信仰である。第二はキリストの歩み給いし如く歩む事で、ペテロ前書二章にある「基督《キリスト》も汝らの為に苦難をうけ、汝らを其足跡に随《したがわ》しめんとて模範を遺し給へるなり」との言葉に従う事である、第一は神に対する信頼であり第二は人に対する奉仕である。然し此事は一つにして二つではない。主イエスは「汝心を尽し精神を尽して主なる汝の神を愛すべし」と教えて後に「己の如く汝の隣を愛すべし」と諭し給うた。人は神に信頼し誠に神を愛する事によって初めて真に人を信頼し人を愛する事が出来るのである。故に人が隣人を愛する事も単なる道徳ではなくして信仰である。

さて第一の聖霊によって新たに生れるとは始祖アダム以来長らく受継いだ此《この》罪と汚れの魂の中に清く聖なるものが成長を初め、人は亡びと死の衣を脱ぎ捨て、アダムの子孫より逃れて、何の功もなく移されて主イエス・キリストのものとなるのである。「人若しキリストにあらば新たに造《つく》れたるものなり。古きは既に過ぎ去り視よ新しくなりたり。之等の事は神より出づ」。誠に感謝と言うも尚足らず、喜びもまた之を現わす事は出来ないのである。第二の主イエスの模範とは愛と謙遜と受難と忍耐の御姿に倣う事である。主イエスは人の罪に代って刑罰を受け、十字架の上に其苦悩の盃を飲み干し給うたのみならず、日々の御生活それ自身が苦心惨憺の御生活であった。イエスは地上に於ては人の理解し得る水際を遠く去った彼岸の人であった。「人の子は失はれし者を尋ねて救はん為に来れり」とは神の御子たる事を信じ得ずば心狂〔ママ〕える者の言でなければならぬ。また「ナザレより何の善き者か出ずべき」とは、ナタナエルの言葉のみならず多くの人の心の中に懐《いだ》かれた言葉であったろう。主イエスの御心事は、心に深く思い巡らす事の多かった母マリヤにさえ、また弟子達にさえ理解する事は出来なかった。其間にあって主イエスはよく忍耐し、友の為に涙を流し病める者を癒し、弟子達の足を洗い給うた。而も之等は決して消極的態度ではなく、永遠なる目的の為に自ら立つべき立場に安んじて立ち、取るべき道を誤らず、内より外より来る困難苦痛と戦い、歩を追うて行くべき所にまっしぐらに進み給うたのである。

今や田には黄金の波が打ち、畑に山に実り多き秋が来た、小さき蟻は冬籠りの用意の為に、身に余る獲物を巣に運ばんとして最後の努力を試みつつある。「収稼物は多く工人は少し」との御声が響いて来る。主に従う者は伝道に善き業に励まねばならぬ秋である。しかも世界は戦雲に閉されて、平和の光はかき曇らされ、主の御姿と御声とは遥かに遠い困難な時代にあって、吾々は今一度内に顧て自らの衣を改めねばならぬ。そして我何を為すべきやを主に尋ね求め、此時代にあって真の地の塩、隠れたる光とならねばならぬ。

〔第80号、一九三九・十・二〕

昏晦《こんかい》のうちに動くもの

イザヤ書六三・九
ルカ伝一五・一一―三二

小塩　力

イザヤ書の預言によって神の真理を読み取ろうと努める時、先ず第一に示されるのは、福音の論争的性格であります。第一イザヤの預言に、「エホバいひたまはく、いざ我らともに論らはん、汝らの罪は緋の如くなるも雪の如く白くなり、紅の如く赤くとも羊の毛の如くにならん」（イザヤ書一・一八）とありますが、この聖句にそって、福音の清峻さ、啓示のきびしさを学ぶ事が出来ます。神は私共ごとき者と真剣に論争し給うとする。従ってまた人間相互に、真理の国に於て真理の為に、まじめに論議を尽すことを神は要求し給う。これは神の権威あるみむねであり、私共個人の信仰生活にとっても、特に今日の教会にとって、欠くべからざる重要なことだということを、聴き取るのであります。

次に、かたちはこの反対になるかと思いますが、実は寧《むし》ろ之《これ》と裏表となるような、渾一体の他の半面となって居る神の国の真理が、第二イザヤに、或は第三イザヤと申しましょうか、イザヤ書六三章九節に示されて居ます。本稿には特に此の第二の真理を此聖句から読み抜きたいと存じます。

「かれら艱難のときは、エホバもなやみ給ひて、その面前《みまえ》の使をもて彼等をすくひ、その愛と憐憫《あはれみ》とによりて彼らを贖ひ、彼らをもたげ、昔時《いにしへ》の日つねに彼らをいだき給へり。」

本文批評については、詳しく述べる必要もありませんから省きます。ただ前半の数語は、七十人訳に従って、八節に繰り入れる或は直接続くとみることが、より正しいらしい。すると八節の主文章の方にかかって、「彼は、彼らのあらゆるなやみのときに、彼らの救主であつた」となりましょう。併し現行邦訳は極めて味のある訳文ですし、深い主意からいえば、こう読んで結構だと信じます。

また、「その面前の使をもて言々」というところは、「使者でもなく、天使でもなく、彼自身の聖顔《みかお》が彼らを救つた」、と読む方がよいようです。これはアイヒロットやウァードルなど近頃の旧約学者も、七十人訳を参照して、あらためて断定して居るところです。イスラエルの艱難のとき、神は御自身なやみ給うた。その切迫、深酷は、神をしてそのまゝにはい給わせなかつた。神はそのままに坐していることが出来ず、しかも只の使・メッセンジャーや天使では間に合わない。御自身が直接に彼らのところにやっておいでになつた神が神自身の顔をさえぎられる所なくあらわし給い、現臨する。私共の間近に来り給う。イスラエルの歴史の中に、全人間存在の奥底にやってくる。神の国に関わる色々な朧《おぼろ》な教言い伝え、伝説、では間にあわない。預言者や祭儀の多彩多様な繰返しではもう足らないいわばほんものが来た、こういうのです。これが旧約のあえぎ望んでいる、新約の証している、独子の神の来臨であります。そして、ここに真の救が起ったのである。

これを更に展開的に説明して、「愛と憐憫とに於て、彼自ら彼らを贖ひ、彼らをもたげ、彼らを導き給へり、古の総ての日々貫きて。」と申して居ります。この預言の、即ち福音の言葉の註解として、ルカ伝一五章をあわせ読まれるならば、此の説教の題意は、ほぼ想像されるかと存じます。

私は極めて単純に、ただ一つの真理を反覆したいと願うのです。神いい給う、汝の悩むとき、我もなやむ、これだけのみことばを自分に聴きたいと思うのみです。神は全能でありますから、疑もなく少しの割引もなく全能なのですから、御自身悩まなくてもよい筈です。神の権威と自由とは偉大ですし、人と世界との苦悩は一面罪の報のようなものです。神はなにも人間臭くなり給わなくてもいゝのです。寧ろ先の第一イザヤの預言のように、神は真理の峻爽をもって私共に強く向ってくるのです。このだらしのない、安易な信仰生活を御覧になって、義憤に溢れた問をぶちまけ給うのは当然です。ウェイドの所謂「公憤的反語」インディグナント・アイロニーを注ぎかけ給うのはあたりまえです。福音は、この本来の厳粛さを毫厘《ごうり》（ごくわずかなこと。ほんの少し。）もゆるめは致しません。併し神は、更に深く悩むのです。なぜなら、神の教をま向き伝えれば伝える程、人は聞きませんでした。預言者達ののべた神の言は必ずといってよい程、受け入れられませんでした。それは人間の肉の弱さのためです。弱いというのは、神の恩寵をそのままにうけいれ得ない弱さのことです。頑固も剛愎も、卑屈も痲痺もみな、肉の弱さのあらわれです。そしてそれは罪によるものであり、死の領域の特色なのです。ですから、主観的には艱難を覚えない人もあるでしょう。他の要素に還元し解消する事の出来る悩みも少くないでしょう。感じている艱難の方向が、実はまがっておったり、根源的でないことは屡々《しばしば》です。また知つてか識らないでか、他人が代って悩んでいる場合も世には多い。こういう意味で、個も種も、世界という世界が、被造物という被造物が、呻き苦しんでいます。

　眼をあげて御覧なさい、この世界史的転局に際して、西も東も流血の惨と慟哭《どうこく》のおもいに満ち溢れています。有史以来はじめてともいうべき世界史的な悩であります。神の怒は凡《あらゆ》る意味での洪水をもつて迫るかも知れません。ノアの頃よりも、神の絶望はもっとひどいでもありましょう。絶滅と根本的な否定が人間に向けられている。しかも、神は自ら、足らぬところの無い厳格と絶滅とを以てして、なお至らぬことを知り給うが如くでありました。ノアの洪水は、約束の虹をもって、究極的に性格づけられたといえます。虹の契約がこれです（創世記九章）恩寵の契約が、忍耐の約束が神の福音の骨格なのであります。私共、弱く小く不信なもの共が、苦難に面する時、一緒になって更に深くなやみ給う神。罪なければこそ、更に敏感に、更に真実に、呻吟し骨うづき給う神であります。基督とは、かかる神なのであります。

同情とか共苦とかは、暗黒面をそのままに正視し、認識することを避けません。そこに神自身、身を置いて、将来を獲ちとるのです。私共、子の為には、不可能な限界を、もひとつ越え、怺《こら》え、忍ぶでしょう。言ってきかせたのでは、分らぬかも知れぬ、反動や逆効果が生ずるでもあろう。沼沢や死の蔭の地に追い込む結果になりかねない。それ故、他からみれば親馬鹿にさえなります。人の親の愚はあわれですが、神の愚のしるしとならないとはいえますまい。この失敗だらけの日本の教会に、神は顔をかくさず、あいそをつかさずに苦しんで下さるのでしょうか。こんなもの、無味の塩のようなもの、さっさと滅びてしまえ。そういわれても仕方のない我々です。それだのに、神はいま一度と、こらえ給う。

ルカ伝の放蕩息子の譬話の主人公は誰でしょうか、主題は何でしょうか、漸《ようや》くはっきりしてきたことゝ思います。この父の実在です、その心中の十字架です。私共は俗見に従って、息子の歩みや転向の経路やを問題にしすぎます。しかし、こういう読み方は、父の側に立っていて、私共の運命を顧慮して下さる主基督に於いてこそ、正しく出来るのでありましょう。明治の末に、伊藤佐千夫は重厚な歌人として著《あらわ》れました。少数ながら真面目な秀れた青年達が彼をかこんで、互に全力を傾注して作歌のこと、人生の問題について、議論をたたかわせたそうです。それは随分すさまじいものであったらしい。議論に於いては、必ずしもどちらにと明かな軍配をあげえなかったが、そこには真剣さと寂寥《せきりょう》とをこめた愛の交が、実現されていました。そしてこの人の存在が、なによりも強く、認められざるをえなかったようです。後年その弟子の一人は、先師追憶の文章の中に、次のようにいっています。

「僕は先生と対坐している時にはその人を圧するような肉体と呼吸音とを聞きながら何時も先生の生命を六月のふかい曇のように感じていた。それは重々しく人を圧しても晦昧《かいまい》であり白日のごとくには醒められない生命である。先生の作物ではこの昏晦のうちに動くものの力を第一に感じなければならない。……先生の感情の波動は大きかったが、それは巌を噛む巨濤のように激しいものではなかった。恰《あたか》も平穏な大洋の上から大きくうねって来る波のように鈍重で柔軟であった」と。

含蓄のある人物評でしょう。そしてここに、一面ではありますが、一つの比喩として、神の実在と行為との説明に用いてもよいものがありはしませんか。人間の世界に、歴史の表には、神のすがたと御手とはあきらかではない。が隠された神として、います、啓示されている、実在するのである。鮮明な意識的信仰、明確な神の論理、これは優れた賜として忝《かたじ》けなく思うべきものです。しかし、更に深く、より真実なことは、神が存在するということであります。肉の厚い、骨の太い、圧するような威力と、大きなうねりとをもって私共の前に坐っている実在です。

放蕩息子の父は、父としての真実をつくしうる方でありました。それ故、この子の放恣《ほうし》（気ままでしまりのないこと。勝手でだらしのないこと。また、そのさま。）のひき止め難い時には、遥かな地獄までつき放すことが出来ました。世の悲惨を味わせ、究極の運命即ち飢と孤独と死とに直面させ、しかも御自身いうべからざる空虚と憂いとをもちつつ、怺え給う父であるのです。奔放で主我的な蕩児の実在も、律義で利己的なその兄の実在も、この無限の愛と忍耐との父の実在に支えられているに過ぎません。父のいたましい愛の深さが反映して、蕩児は窮迫の途で帰郷におもいいたったのです。日毎、夜毎、常恒に、時を越えて、待っていて下さる神の懐は、あまりに広くて間が抜けてさえみえるけれども、遠くからまず走りよって、かきいだき、くちつけし給う御ふるまいによって待たれていた運命のすばらしさに、はじめて人は懼《おそ》れ悔いたのでしょう。この愛に対し、その究極行動としての十字架に対し、何という反逆であったろう、何という相済まぬことであったろう、このときはじめて、蕩児は父に苦悩の十字架を負わせまつった罪に気づき、深く死んだのであります。そしてこの時こそ「死に復生き、失せて復得られた」（一五・三二）と呼び給う御声によって生きたのです。神の真の謙遜――本当に神の謙遜がです――真の共苦が、かように、人間を否定し、そして人間を人間たらしめるのです。私共はこの恩寵の神の家に帰りましたからには、主の顔を拝したからには、再び疑い、挫《くじ》けたかぶり、神なきものとなり切ることは出来ません。赦されて生きたものですから、もう無用に自分を審き評価しおそれる必要はなくなりました。神の聖顔は私自身の魂よりももっと近く私に光かがやいています、私の孝心や信仰は寧ろそこからつくられてきた賜にすぎません。ですから私共は晦昧の極みなる神の奥義に満ち足ろうのです。神の昏晦は神の謙虚にほかなりませんから。

しかし、ここから、人間相互の愛と忍耐が要求されて参りましょう。蕩児の兄の心とならず、多く赦されたものは多く赦すものとならねばなりません。私はこの点につき二つのことを思います。「骨をひろってやる」雄々しい愛心が一つ。パリサイ的道徳主義の旗幟《きし》（表立って示す立場・主張。）をたてないことが二つです。

明治から大正にかけて、日本の教会はどういう風にして進展したのでしょうか。いろいろありましょうが、その重要な要素の一つは、例えば植村先生にみる骨を拾うような愛です。台湾に伊藤春吉氏を、沖縄に芹沢浩氏を遣わしたとき、植村先生は厳然と神の命であるからと彼らを艱難と孤独の中に追いやりました。その生涯に豊かな保証はありません。伝道者自身は病み、子は飢え、その妻は寂寥の日を送らねばならない。随分むごい運命です。しかし彼らは出てゆきました。力尽き刃折れて彼らは皆其の地に死んでいきました。が、彼らをして死にいたる迄よろこんで戦わしめた力は、骨は拾ってやると丈いった植村先生の泪《なみだ》ながらの祈にあったのです。一歩あやまてば人間的な親分肌に堕しましょう。しかし今日責任の地位にある人格が、骨を拾うことを、とことん迄ひきうける覚悟を、示してくれるなら、数多くの伝道者が続々と直ちに有効な散兵戦を展開するのではありますまいか。個々の信者を孤立無援にしておいて、どうして神国を来らせ給えと祈れましょう。相共に友をひきうける心がまえを鍛錬したいと存じます

第二のことは、蕩児の不道徳を少しでもよしとするのではありません。恩寵の論理にこと寄せてせめてもの基督者の旗じるしを撤回する行為を、私はにくみます。しかし、教会は、どこまでも道徳主義をかかげてはならぬのです。その為の失敗、裏切られ、をおそれますまい。汝の伝える福音とは何か。教会は答えます、神の恩寵であると。再度答えます神の憐憫である。三たび、神の忍耐である。即ち、完全な神の愛これであります。それなら私共の踏み込みの浅さをおそれ、愛することの困難をこそなげくべきでよけれど、裏切りを心配してはいけないでしょう。

私は最後に、合同の成った私共の教会の前途と、複雑な国際情勢に面して血路をひらこうとする祖国の為に、おもいを傾けざるを得ません。

合同の祝会を終えて、或る責任の地位にある人がいったそうです。自分は悲哀の、ラメンタテイオの、祝会に坐したと。心ある人は誰もそうでしたでしょう。然し今は、哀愁と戦慄のうちに神に縋《すが》って、願わくは今一度我らを恢え給え、み赦をもって極みなき愛を教会に注がせ給え、と

祈りつづけざるを得ません。国の運命に対してもまた私共は半ば狂せんばかりに、額を土にすりつけてでも主よ憐憫によって我が国をいだき給へ導き給えと、誰か祈らずにおられましょうか。

神の愛と真の希望、これを言わねば要のない、締繰りのないようなものですが、此処には省かねばなりません。コロサイ書三・一〇、ロマ書八・二九、コリント前書一五・四九、などを銘々で読んで悟って下さい。　基督のみかたちに肖る望は、今すでに現実なのである。ただ、それがおもてに啓示されていないというだけなのである。ルカ伝の父に、十字架にかかり給いしままなる基督を見る、そのように、このけわしい歴史の流の中で、愛と救の歴史を洞察する——これが私共の信仰なのです。ですから今、痛む心をたもちつつ、希望は実に遠くひらけております。そして全教会の祈をあつめて、あの七度を七十倍するまでに真実を極めた赦の主に、愛の神に、私共はかえって参るのみであります。

〔第103号、一九四一・九・一〕

イエスと学者達

森　有正

マルコ伝第二章第三章

福音書に表れたイエスの生涯を読む時、我々は一種の犯し難い尊厳さと品位とを感得するのであるが、そこに我々はイエスの地上的ならぬものを直観せしめられ、また福音書に記されたイエスを繞《めぐ》る多くの事件がこの一点を中心として湊《あつま》っていることを覚るのである。今マルコ伝の記事を少しく辿りつつ、このイエスの姿の本質とも言うべきものを学ばしめられたいと思う。

マルコ伝第二章から第三章にかけてイエスがカペナウムにおいて人々を癒しまた教えを説き給うたことが三四の具体的な事柄の描写を通して述べられている。そこに現れているイエスの姿は権威あるもののみのもてる厳かなる自由であって、しかもその自由が純粋に弱き者、病める者を救うために行使され、またそのためにその権威が発揮されているのを見ることが出来る。権威と自由と愛とこの三つのものが渾然と融合され、この地上において比類なき神の本質が輝いているのを直覚することが出来る。イエスが御言葉を語り給うその家の屋根を穿って縋《すが》り下された中風患者を医し給うたこと、取税人アルパヨの子レビの召命と罪人取税人らとの交歓、断食問答、安息日問題、安息日の医癒、これらの事件の中にイエスの神の子たるの権威と自由と恩恵とが輝いている。しかしまた他方この輝きは罪の暗黒との厳かなる対立相剋の緊張の中に現されたものであることを深く考えなければならない。

第一の中風を癒し給うた奇蹟が行われた時イエスは神の子たるの自覚と権威とをもってその者の罪の赦しを宣言し給うた。この一事はイエスの超人間的人格の宣言と同一であった。それは単なる権力の誇示自己主張とは全く類を異にした恵みの宣言であった。これに対してそこに居た学者達はこのイエスの宣言を冒瀆として心の中に論じた。この宣言という一事実を前にしてかれらは己が神学論をもって早速それを批判した。勿論この一事はそれだけを取って見れば必ずしも無理ではなく、むしろ当然とさえ見ることが出来る。しかし学者達の不審は単なる驚異ではなく、その背後に自己の宗教的地位、立場、またその神学体系があって、それを中心としてイエスの宣言を心中論議したのであって、イエスに対する敵意を含むものであった。そのことは次第に曝露されるであろう。「この人なんぞ斯く言ふか、これは神を涜すなり、神ひとりの外は誰か罪を赦すことを得べき」と学者達は論じたのであった。言葉だけとればこれは正に当然のことであって、論理的には一点の批難の余地もない。これに反して一介の人としか見えないイエスが罪の赦を宣言するなぞは冒瀆でなくて何であろう。表面的に見れば学者達の態度は正常であり、またかれらも内心己れ達の正義を確信していたであろう。しかしその心は愛を欠いていた。神に対する愛なく中風患者に対する同情なく、ただイエスの宣言に心奪われ、己が思想をもって冷たくイエスの行動を是非していたのであった。あるいはイエスを糾弾する口実の見附かったのを内心喜んでいたかも知れないのである。愛を欠くこの冷たい心をイエスは鋭く看破せられ、事実の力をもってかれらの議論を粉砕し給うた。「イエス直ちに彼等がかく論ずるを心に悟りて言い給う『なにゆゑ斯ることを心に論ずるか、中風の者に「なんぢの罪ゆるされたり」と言うと「起きよ、床をとりて歩め」と言うと、孰《いずれ》か易《やす》き。人の子の地にて罪を赦す権威ある事を、汝らに知らせん為』に――中風の者に言い給う――『なんぢに告ぐ、起きよ、床をとりて家に帰れ』彼おきて直ちに床をとりあげ、人々の眼前いで往けば、皆おどろきかつ神を崇めて言ふ『われら斯の如きことは断えて見ざりき』かくイエスの言葉により中風患者は直ちに癒され、イエスの言葉の権威が立証されたのであった。学者達は無言の裡に、己れ達の立場を危くするイエスに対する憎悪をますます深くしたのであった。

更に十三節以下に述べられた取税人達とイエスとの会食に関しては、パリサイ人の学者達は心中つぶやくだけではなくイエスの弟子達に『なにゆゑ取税人、罪人とともに食するか』と口に出して質問する様になった。これは形式は質問であっても実質的には詰問であった。かれらはイエスとレビとその友らとの愛に満てる喜びの集いに対してこの冷い問を発したのであった。イエスはこの弟子たちへの質問に自ら答えて、これ以上は不可能と思われる程明確にかつ辛潮に己が使命とかれらの冷い心とを表明された。

ここにおいて問題は全く明らかとなった。イエスと学者達との対立は、決して単に論理と事実、愛と律法の対立ではなく、己れを中心とし己が安きを食らうとする学者達の醜き心と悩める者に対する愛と同情にみてるイエスの心との対立であった。学者達は悩める魂に対する何の同情もなく、もとより罪人病者を憐み給う神の聖旨を無視し、ただ己れ達の宗教的支配心を充すために、己がその心のままに自由に処理し得る概念化された律法を意の儘に用いたのであった。そしてしかも自らは律法に仕えていると思っていたのであった。これは全く神を己がために利用しようとするものであって、神を神として仕えようとするイエスの態度と正反対のものであった。イエスは神を神として徹底的に尊敬し服従されたが、その神はまた徹底的に人の魂を生さんとして求め給う力であった。他を真に生かすことに愛の本質があるとするならば、イエスにおける神こそは真に愛の神と言うことが出来る。パリサイ人は律法に仕えようとしつつ、その律法の根本精神なる愛を忘れ、形式をもって人の魂を破壊して自らよしとしていたのであった。このことは二十三節以下の安息日問題で立証された。

　この問題においてパリサイ人達は直接イエスに詰問するに到った。イエスの答えは直截明確であった。『安息日は人のために設けられて、人は安息日のために設けられず。然れば人の子は安息日にも主たるなり』と。要するにパリサイ人達は形式を守ることと神そのものに仕え神を愛することとを混同し、常に新たに神の前に仕うることを怠った結果、この憎むべき判断の転倒を招いたのであった。それは結局常に神を神として崇めることを忘れ、己れの慾に固着した魂の内部の罪の当然の結果であって、罪は罪を生むことの最も深刻なる例と言ってよい。

　このイエスと学者達との対立は、第三章に入るといよいよ深刻になり、かれらはイエスを訴える口実を見出そうと思って、イエスが安息日に片手なえたる人を医すや否やを窺った。人が罪を犯すのを秘かに待つこの浅間しく淋しきパリサイ人の心こそは罪そのものの姿ではないであろうか。これに対してイエスは『安息日に善をなすと悪をなすと、生命を救ふと殺すと孰かよき』と質し給うた。これに対してかれらは沈黙をもって答えた。この善悪の明白なる問題にかれらは答えることが出来なかったのである。それに対してイエスが、「その心の頑固なるを憂ひて怒り見回して、手なえたる人に『手を伸べよ』と言ひ給ふ」たことは、かれらの心に対する憐憫と怒りと徹底的否認との表明であった。かれらはこのイエスの善行によって一人の病者が救われたことも、自分達の頑迷さも、要するに最も肝要な点を全く無視して、直ちに宗教上政治上の反対派であるヘロデ党の人々とイエスを殺そうと計ったのであった。理非曲直の言葉の上の争いはもはや問題ではなかった。神の愛を身に体して、人を愛して徹底し、かくて愛の神に真実に仕え抜こうとする魂と、己が自己主張を固く執って動くまいとする魂との悽愴極まる無言の対峙であり、生死を賭しての戦闘であった。しかもパリサイ人達の自己主張が形式的な神の義の遂行の熱心と結合していただけ事態は一層深刻であった。我々はここにおいて愛を欠く熱心のいかに恐るべきかをまざまざと見る。人は己が主観的意識のみをもって正しくあることは出来ない。神の前に正しく行うことは、本で学んだ律法を行うことによって遂げられる様な生やさしいことではなく、心の根底まで己を愛する念が清めつくされ、神との真に喜ばしい一致に入っていなければならないのである。

イエスのかれらに対する態度は淡々としてしかも勁《つよ》く、かつ限りなき品位に輝くものであった。イエスは一つの命令、一つの要求をもってこの地上に来り立ち給う人であった。かれの自意識はこの点に関して全く透徹していたと言わなければならない。かれは己れが神と全く一体であり、かれを見た者は神を見た者であり、かれのみ真の生命なることを宣言し給うた。人はかれのこの要求の言葉を受け入れるか拒絶するか態度を決定しなければならなかった。しかもそれを受け入れるには己れを全く棄て、自己主張を脱却しなければならない底《てい》のものであった。かくて多くの人はかれに躓《つまず》いたのであった。その理由はかれらの飽《あ》くなき自己主張そのものに外ならなかった。その自己主張は人を疑い、詰問し、断罪し、その生命をすら呪う底のものであった。そして神を神とせず、イエスの言葉を踏みにじり、ただひたすらに己れを立てようとしたこの全き転倒、それは全く悪魔の本質に外ならない。かくて神の本質と悪魔の本質とが対立する。イエスはこの全き対立において厳然と宣言し給うた。『誠に汝らに告ぐ、人の子らの凡ての罪と、けがす涜とは赦されん。然れど聖霊をけがす者は、永遠に赦されず、永遠えの罪に定めらるべし』と。我らもこの人生最深の危機において決断を誤たず、神の愛の御要求に答るものとなりたいと思う。

〔第113号、一九四二・七・一〕

曠野へ

沢崎　堅造

一

曠野《こうや》へあこがれる心、それは何か人の心の奥底にいつもあるものの様に思われる。沙漠の広漠《こうばく》たる平原を見渡すと、それが写真や画であっても、我らの心に、何か言い知れない遠いものへの思慕の心を呼び起さないではいられない。郷愁と言うものに近い心かも知れない。心の古里を思う心だ。どうして曠野がそうした心を呼び起すのだろうか。

ただ広々とした平原ならば、内地でも奥羽や北海道には処処《ところどころ》にあるが、満州に来ると流石《さすが》に見渡す限りの大平原が、鉄道の沿線にさえ至る処に見られる。けれども曠野と言うものの真《ほ》んとうの感じは、熱河でさえもなく、実に興安西省《こうあんせいしょう》の林西へ来る途中に初めて見たのである。熱河の烏《う》丹《たん》は既に赤峰から数十里の北辺にあるが、その烏丹から更に北へ往くと、道は次第に曠野と言うものの真中を進んでいることがわかる。禿げた山も次第に遠のき、丘陵のみ、荒々しい岩膚を横にのぞかせ乍《なが》ら、上は細長い牧草に蔽はれて続いている。波の如くに起伏している。人家は勿論見えない。川も何処《どこ》へ行ったのかすっかり隠れてしまった。空のみが、丘陵にかぎられて、くっきりと青々と、而《しか》も広々と大手を拡げているようなのは、実に気持がよい。走り行く自動車は、此の様な丘陵を或は登り或は降り、或《ある》いは曲って、どこまでもどこまでも蜒《うね》り往くのである。北風や西風に向うと流石につめたい。防寒帽の襟さへ刺すようである。こうした平原に、遠く点々として白く或は黒く斑点が見えることがある。それが動いている。羊か山羊か、或は牛か馬などの放牧である。時には突兀《とっこつ》（高きさま《けわしく》）とした巌角《いわかど》に、真裸にボロの皮衣をまとった少年が、人間とも思えぬ黒い顔をして、我々の自動車を見つめていることがある。

烏丹から林西へ往くには、自動車で約八時間かかる。道路は比較的良いから楽であるが、昔は別の道を通ったもので、牛車や騎馬で、沙漠地帯を通らなければならなかったと聞く。今でも烏丹の東方には、近く沙漠地帯が展《ひら》かれているので、そこには蒙古人のみが、広い領域に亘《わた》って、包《パオ》の生活を営んでいるのである。今なおこの地方に旅行するものは稀《まれ》である（福富君の白音漢村伝道記参照)。全くゴビの沙漠の一端たることを、今更のごとく思わせられる。
熱河省と興安西省との境は、潢水（または西喇木倫《シラムレン》河）を以て画《かく》されている。烏丹から林西への中程に当っている。その河に懸けられた石橋が巴林《バリン》橋である。それから北は全くの蒙古地帯をなすと言われている。直ぐ東北に巴林旗がある、その名を取ったのである。故桑原教授の「考史遊記」に

「潢水河以北は地勢大に変じ、砂《さ》窩《くわ》遥《はるか》に限なく殆んど青草を見ず。北支（中国北部の称）を旅行するもの、足一たび長城を出づれば直《ただち》に形勢一変するを自覚すべく、更に潢河を超ゆるに及んで、形勢の再変するを感得すべし。潢河以南は塞外《さいがい》（とりでの外、すなわち長城の外側）の地と雖《いえど》も、漢人の移住するもの多く、蒙古人の其間に生活するものも、勢いその感化を受け、居室・衣服・飲食すべて支那内地の面目をなすれども、一たび潢河を越ゆれば氈《もう》を牆《しょう》とし（フェルトで塀をつくる）酪《らく》を漿《しょう》となし（乳製品をおもゆあるいは飲み物とする）農耕全く廃して牧畜之に代る。故に蒙古の真相を知らんと欲せば、必ず潢河以北に求めざるべからず」

と。巴林橋は古来歴史上極めて著名な処《ところ》で、遼代の上京が臨潢（林東）にあり、中京が熱河の大定（凌源の北）にあった関係から南北の使者は必ずここを経由したとして知られ、また巴林旗と北京清朝との関係は極めて親密なものがあった。清朝の蒙古政策の現われではあろうが、互に婚を交したので、それに附随する多く人や物が自ら此処を通ったのである。今ある石橋二基は当時

のものの名残りとされているが、今日なお此の附近は水流急にして自動車の便を以てしても、春秋二季結氷・解氷の頃は殊に危険とされている。

二

林西へ来てからも、例によって附近に祈りの山を求めた。東門を去ること幾許もなくして、丘陵が南北に走っている。その取突《とっつ》きの小山の頂きには、小さい石の廟が一つ立っている。その辺りを祈りの場所ときめた。毎朝太陽がまだ登らないで、やや光ぼうを差し染めた頃登り初めるから、丁度登りつめて南傾斜面の一角に草の上に腰を下す頃には、東南方に開けた平原の端から朝光がさっと輝き初めるのである。振り返って北の方を見ると、まず突きさす様なつめたい風が吹きつけるので、思はず首をすぼめる。併《しか》しその風の中から、凝りついた様な大気を透《すか》して、そこには壮厳極りない光景が展開している。興安嶺《こうあんれい》の峰々が白雪を戴《いただ》いて連っている。その山膚は全面に照り映えて、中空に夢の如くに浮んでいる。あれを越せば内蒙《ないもう》（ゴビ砂漠以南の地）の烏珠穆泌《ウヂムチン》である。それを過ぐれば直ちに外蒙《がいもう》（ゴビ砂漠以北の地）に続く。吹く風も、その辺りからと思えば、何か身は異様に引き締る心持がする。

初めて此の林西に来たのは、去年（昭和十八年）の三月末であった。その時、教友達と共に、此の東山の一角に登って祈りを共にし聖書を読んだ。その時私はイザヤ書第三十五章を、吹く風の中に、輪読したことを思い出す。特に第一節の

「曠野和乾旱之地、必然歓喜、沙漠也必快楽、また像玫瑰開花」（荒野とうるほひなき地とはたのしみ、沙漠はよろこびて番紅《さふらん》の花のごとくに咲《さ》きかがやかん）

は深く印象に残った。曠野と乾旱之地とは必ず喜ばんと言うのである。曠野と言うのは、此の様な土地である。この寒冷、不毛、荒漠の地こそ乾旱之地であり沙漠である。かかる地に住んでいる人々こそ、またイザヤ書三十五章の喜びを真に経験することであろう。

「そのとき瞽者《めしい》の目はひらけ、聾者《みみしい》の耳はあくことを得べし、そのとき跛者《あしなえ》は鹿の如くにとびはしり　唖者《おふし》の舌はうたうたわん、そは荒野（曠野）に水わき出で沙漠に川ながるべければなり、やけたる沙は池となり、うるおいなき地は水の源となり、野犬のふしたるすみかは蘆葦《あしよし》のしげり合う所となるべし」

曠野とは如何なる処か。私の興味は次第にここに集中して来た。調べて見ると、曠野とは原来「語る」と言う動詞から出ている。声の有る処という意味になろうか、それは如何なることか。曠野とは人無き声なき処《ところ》であると誰れもが考えるであろうのに。私は不思議に思ったので、更に調べ更に考えて見た。私が朝早く独り遠く曠野に出るのは、全く人里を離れた静かな処《ところ》が欲しいからである。静かに祈り単《ひと》り聖書に親しみたいからである。然るに声のある処と言うのはどう言う

意味であらう。私はやがてその意味がわかった。それは神語る処《ところ》神の声の有る処《ところ》と言う意味である。神の声である。イスラエル人が常に神を仰ぎ、神のことに心を集中していたことを思い出した。私達は兎角《とにかく》人間中心に物を観《み》勝ちであり考えがちである。だから人の声の無い処《ところ》として曠野を選んで往くのであるが、却《かえっ》てそこには、神の声が有るわけである。神の声が聞えるからこそ、私は祈りに其処《そこ》へ往くわけである。

曠野は人無き処《ところ》である、併し神が在る処《ところ》である。曠野とは全くの荒野とは違うようである。牛や羊などが放ち飼いされている箇処《かしょ》であるから、青草は生じ、附近には何処《どこ》か泉か河があるものと思われる。従って曠野は時に草場とも言われている。従って沙漠と言うのとは全く違う。沙漠は水全く無きうるおいなき砂礫《されき》の地である。乾旱之地と言うのは、これらと比較すると丁度曠野と沙漠との中間のような処である。以前は私はこうした区別などとてもわからなかったが、熱河に来て赤峰の郊外で、紅山へ往く途中、此の様な三つの土地が眼の当りに展開されているのを見ることが出来た。

曠野は神語る処《ところ》である。併し悪魔の声もする処《ところ》である。また天使の声もするところである。併《しか》し神語るときは、一切の声は沈黙に帰してしまうであろう。更に面白いことは、ヘブル語で神託をうける聖所はデビル（debîr）と言うが、これは曠野を意味するドベル（dobêr）と極めて密接な関係があるであらうと言うことである。聖所または至聖所は勿論神殿の中で最も神聖な場処《ばしょ》である。そこで神託を享《う》けるのである。神語る処《ところ》である。祭司これを聞き、預言者これを伝えるのである。ところが一方曠野とは如何なる処であるか。先《さ》きに示したやうに、人無き処《ところ》である。凡《す》べての人が往くを喜ばない淋しい処《ところ》である。樹はなく、家はなく、水も少ない処《ところ》である。唯牛や羊が放たれてある平原である。けれどもかかる処《ところ》にこそ神は在る、神の声は聞えるのであるとしたイスラエルの人々の考へ方、聖書に於て示された神の言といふものの意義を思うものである。恐らくは、曠野に天幕を張ったイスラエル人の特別に神から与えられた思慮の言葉であったろう。

神いまし給う処《ところ》、神語り給う処《ところ》、神の声が聞える処《ところ》と言う意味に於て、神殿に於ける聖所と曠野とが互に関係していると、言うことは、極めて暗示深いものがある。私達が曠野に出て、独り離れて聖書に親しみ祈りをすると言う、確にそれこそ聖所に参する心と相通うものがあるのであろう。預言者デボラ（debōrâ）の名前が、この聖所と曠野と互に関係を持っているであろうことも考え合わされる。神の声を取次ぐ預言者と、曠野とは特に親しい関係があろう。

三

モーセはシナイの山で神の言葉を直接に受けた。それは単にシナイの山または天幕の聖所に於てと言うのみでなく、出埃及《エジプト》後四十年の放浪生活は実に曠野に於ける生活であった。即ち神と共にあった意味である。神は或は先きに或は後に、昼は雲の柱、夜は火の柱を以《もっ》て彼等を導いた。或時は巌《いわ》をくだいて生命の水を出さしめ、或時はマナを降らせて彼らを保持せしめたのである。モーセを初め古くはアブラハム、イサク、ヤコブを初め多くの人人が、如何に屢々《しばしば》曠野を渡って神の声を聞くことが出来たかと言うことは、旧約聖書によく示されているところである。またエリヤ、エリシヤを初め多くの預言者が、兎角《とにかく》山に逃れ曠野に隠れて神の声を聞き、これを伝えたのであるが、我々は聖書の中で深く教えられるところである。なおまた特に洗礼者ヨハネに於ては、全く「荒野に叫ぶ声」であった。洗礼者ヨハネは、人を避けて曠野に隠れたのではない。却《かえっ》て神により親しく会うために、神の声を聞くために敢《あえ》て曠野へと、即《すなわ》ち手にて造らぬ神の聖所へと昇り住んだのである。

「神の言、荒野（曠野）にてザカリヤの子ヨハネに臨む。かくてヨルダン河の辺《ほとり》なる四方《しほう》の地にゆき、罪の赦を得さする悔改のバプテスマを宣伝ふ」「預言者イザヤの言の書に荒野（曠野）に呼ばわる者の声す。主の道を備《そな》え、その路すじを直くせよ、と録《しる》されたるが如し」（ルカ三・二―四）

イエスが屢々《しばしば》曠野にしりぞき給うたことは聖書によく示されている。まず洗礼者ヨハネから洗礼を受け給うた。それはヨルダンの谿《たに》に於てである。それから直ちに曠野に退き給うて悪魔の試みを受け給うた。マルコ伝によれば「御霊ただちにイエスを荒野に逐いやる」(一・一二)とある。また「荒野にて四十日の間サタンに試みられ獣とともに居《い》給《たま》う。御使たち之《これ》に事《つか》えぬ」(一・一三)、いかにも曠野の姿である。イエスは此の四十日の間、聖霊と悪魔とがイエスを中心として戦ったのを経験した。これはイエスと悪魔との戦とのみ見ることは出来ない。イエスには常に神の霊(聖霊)がついていたのである。異教徒にとっては、曠野は或は魔術的な悪魔の跳梁《ちょうりょう》場であるかも知れないが、イエスにとっては勿論明かに神の住み給う処、御霊の働くところと観《かん》じていたのである。初めから勝ちて余りある戦いである。併《しか》しイエスは人の子としては、極みまで苦しみ給うたわけである。そこでイエスは屢々《しばしば》祈りのために曠野に出で往き給うた。

「イエス寂しき処に退きて祈り給ふ」(ルカ五・一六、四・四二)

「イエス祈らんとて山にゆき神に祈りつゝ夜を明したまふ」(ルカ六・一二、二一・三七)

これらの寂しき処《ところ》または山とは、ガリラヤやエルサレムの近くの最も荒涼たる処《ところ》、言わば曠野を指したのである。最後の晩餐を終えてイエスが往き給うたゲッセマネの園(マルコ一四・三二)は、ケデロンの小川を渡って行くのである(ヨハネ一八・一)。そこはエルサレム城壁の東南、崖《がけ》下《した》である、渓谷である。そこは言わば「灰棄処《はいすてどころ》」(レビ記一・一六)である。今日なお此の辺りに猶太《ユダヤ》人の墓地が多くあるようである。所謂《いわゆる》ゴルゴダが何処《どこ》であるか、今日なお明確にはわからないとしても、私は何んだか北の方よりもこの東西の辺りに考へ合せたいのである。(今日北には回教徒の墓地があるようである。）私は史実や地理によって考証しているのではない。兎に角、イエスが祈りに屢々《しばしば》退いたところは、何か人影の全く絶えた淋しい凄い恐ろしい処《ところ》だったと思う。陰惨な谷または山の陰であったと思う。私はイエスをそうした処《ところ》に見出すのである。そうした処は曠野である。悪魔の跳梁しそうな処《ところ》は、却《かえ》って聖霊の最も豊かに働くところでもある。神はこうした処《ところ》に却《かえ》ってその声を聞こえしめるのである。

イエスにとって曠野とは、父の語る、父に面晤《めんご》（向かい合って話すこと）するなつかしき処《ところ》である。彼は此処《ここ》に於て、何事をも語り、聞き或は訴え或は感謝したことであろう。大祭司としてのイエスは、かかる手にて造らぬ至聖所――曠野に於て、その職務を全うしたのである。

四

日本を去る頃、私は一途に基督の後を追いたい気持ちであった。ヨハネの弟子の二人が、イエスの後に随《つ》いて往《い》ったと言うことは、私の最も心を牽《ひ》かれた所である。「イエス振返りて、その従いきたるを見て」（ヨハネ一・三六）とある。私はそのイエスの威厳に充ちた憐れみに満ちたその眼差が慕《した》わしいのである。従い往《ゆ》こうとする者に対して、まず「人の子は枕するところなし」（ルカ九・五八）と警告され、或はペテロに向って「今日なんじ三度われを知らずと否むまでは、鶏《にわとり》鳴かざるべし」（ルカ二二・三四）と預言せられた。けれども弟子達にとっては、それでも従い往《ゆ》かざるを得なかった。

私も亦《また》私ながらに主の後を随《つ》いて往《ゆ》きたい、主の路を歩んで往《ゆ》きたいと心から願った。それは何時頃から特に強く私の心に起ったのであろう。確《しか》とはわからないが、先年中国旅行に出たとき、その途次熱河にいられる福井先生を訪ねた。そして共に毎朝早く山に祈りに往《い》った。山に於て確かに一種の霊感をうけた。再び此処《ここ》へ祈りのためにでも来るべきであると感じた。私の旅行はそれから蒙彊《もうきょう》（中国の旧察哈爾〔チャハル〕および綏遠〔スイエン〕両省および山西北部の称）、北支（中国北部の称）、中支（中国中部の称）と続いたが、常にイエスの御姿を追いたい気持ちで一杯であった。私の友が、漢口陥落の日に、それをも知らないで大別山の山奥で戦死した。その友は大学の最終学年にあった。卒業後は伝道に身を献げる積りであった。それが御召《おめし》（軍隊に召集されること）を受け勇躍戦線に向ったのであるが、彼の日夜の祈りは、東亜（東アジア）永遠の平和の為めにと言うのであったであらう。それを聞く由もないが、私は此の友の名誉の戦死を聞いて、実際愕然《がくぜん》とし悵然《ちょうぜん》（失意や絶望に悲しみ嘆くさま）としたのである。彼の志を継がねばならないと、心私に期したのであった。それは私をして中支の旅行に駆り立てたのであった。私は何か、死ぬ程満足した働き場処《ばしょ》を得たいとも感じた。併《しか》しそうした思いは、一切かかって主の路を懸命に追い往くことであると覚ったのである。

それから後は、ただ主の路を尋ね求めることに務めた。イエスは今東亜の一角を歩みつつあり給うと言うことは明かである。イエスの路は、苦しんでいる淋しい人々へと向うのである。死の蔭の谷を往くのである。多くの人に顧《かえり》みられない捨てられたような処《ところ》にこそ、主は進み給うのである。かくて私は主の路を何処《どこ》に求めようとしたのであるか。初め大陸と思ったが、また南洋とも思った。併《しか》し南洋は何か物が豊かな感じがする、住民は貧しいとしても、兎に角ものが豊富だと言う感じがする。これに対して北の方はどうであるか。まず寒い。寒いと言うのは不毛を意味し、多くの物を逆に費消しなければならない処《ところ》である。私は躊躇《ちゅうちょ》なく、南を捨てて北の方を見ることにした。北と言っても満州を見るより外はないが、その中でも人の心の最も苦悩なる地を求めた。長い歴史の変遷を見ても如何に多くの民族が混交《こんこう》し葛藤し幾つかの国家が興亡した西南国境方面に特に眼を向けざるを得ない。熱河は今は満州国の中にあるが、昔は東蒙古と称され、特殊な風土を持った土地である。

熱河は、かくて色々な条件を備えられた処《ところ》である。寒冷な自然、磽确《こうかく》（石の多いやせ地）な土地、複雑な民族、苦悩多き生活等は国境の土地として一層この感を深くする。私は料《はか》らずも此の土地に福井先生を見出して、尤《もっと》もだと肯《うなず》くことが出来たのである。此処《ここ》こそ、主が最も愛して歩み往き給う処《ところ》であるに違いないと思った。長い間迷いに迷い尋ねに尋ねた挙句《あげく》、私は主の路を一途に熱河にと思い定めた。そして先ず福井先生の下に往きたいと願った。そこで親しく主の路を見出そうとした。曠野を往くイエスの姿を、かくてまず熱河に見定めた。

或る紀元節の朝、この志を述べて福井先生に初めて手紙を出した。そこで私の心も定った。ひたむきに曠野へ、イエスの後を追って往きたいと願った。それから後は、学校のこと、研究所のこと、未信者である両親達のこと、家のこと、子供のことなど、一切が取り行われた。時には小さき波瀾も涙もあったが、凡てはただ導きの手に打ちまかせたのであった。昭和十七年五月八日を期して、私一人まず京都を去り、一途熱河承徳に向った。家族は秋に来た——一人の女児と生別して。

五

承徳に於ける一年間は、山の祈りの生活であったと言える。その祈が漸《ようや》く結実したと思われたのは、その聖誕節の前後であった。十字架上に於ける三つの釘ということが主題であった。それを通して聖書が見通されねばならないことがわかり、それによって展開されることがわかった。その翌年になってから、十字架の木が私自身にあると言うことがわかった。十字架の縦木は古くから刑場に立てられたものである(横木はかつがれて来た)。基督はこれに附けられたのである。従ってその十字架の木は、正にその光栄に選ばれたのである。爾余《じよ》(このほか)の多くの木杭は、またも罪人の血を浴びねばならなかったのである。隣りの木杭は左右とも重刑囚の血を流すこととなった。私と言う木杭だけが何故かくも神の子を荷負う光栄を得たのであるか。それは私自身に於て誇るべきものは何もない。唯罪人の血で黒く凝《こ》ったものである。それが唯全く神の選びに預ったのである。

基督は、私自身の上に釘付けられた！　私は私の上に常に基督を負う身となった。基督に打たれた釘は、そのまま先きを私の身の中に打ちこまれた。基督の左の掌《たなごころ》に受けた釘は、私の左の掌《たなごころ》に、基督の右の釘は私の右の掌《たなごころ》に、基督の足に打たれた釘は、そのまま私の足に立てられているのである。私の肉もさかれていなければならない。かくて私は三つの釘に於て、基督と一つに結び合はされた。基督と私とはいつでも共にあることになった。これは全く選ばれたものである。私の功績の何物によるのでもない。何たる光栄であるか、言うべき言葉を知らない。故に基督の苦しみに幾分でも預って、自らの肉をさき血を流したいと思うに至る。これは寧《むし》ろ当然であり、感謝のことである。我々がバプテスマを亨けて基督者となったのは、基督の死に合せられたのである（ロマ書六・三）。また「常にイエスの死を我ら身に負ふ」（コリント後四・一〇）と言うのもその意味である。また「キリストを衣る」（ガラテヤ三・二七）とあるのも全く同じ意味である。

このようにして私は、基督と共にあるということについて深く心に感じた。基督はいつも私の上にある！　基督は重い、併《しか》し何と言う光栄であるか、神の子基督を捧《ささ》ぐる光栄。基督は復活し給うた。復活し給うた基督は、も早や十字架を背負ってい給はないであろうか。復活は十字架を抜いていることであろうか。否、全くそうではない。復活の主は常に今もなお十字架を負い給うのである。復活の主が疑えるトマスに十字架の釘痕を見せ給うた計《ばか》りか、彼の手を伸べさせて「我が脅《わき》にさしいれよ」（ヨハネ二〇・二七）と言い給うた。それは単に釘の痕を見ることではなくして、実に今もなお彼は十字架を負うていることを信ぜしめたかったからである。「見ずして信ずる者は幸福なり」（ヨハネ二〇・二九）と附け加えられた。

私は復活の主が、いつも眼には見えざる十字架を負いい給うことを知った。これは非常なる喜びである。復活の主は、自ら自由に歩みい給うのである。十字架は、今度は主の背に負わされることになった。だから私は、いつも復活の主の肩に負わされて、主が往き給うところについて往く身となったのである。私がどんなに離れようとしても、両者を結ぶ釘はしっかりとして私を離しては呉れない。聖霊が、その釘であろう。私を堅く基督に結び付けて離しはしない。「我ら基督に接《つ》がれて、その死の状にひとしくば、その復活にも等しかるべし」（ロマ六・五）である。復活の主は、今度は我等を負う。どこまでも、いつまでも、その釘痕から血が流されているとは、私をいつも負い給うからであると知った。私の重さ、罪の重さの故である。私の罪はかくて全く基督に負はされた！　基督の背に私は全く重荷となって負われて往くのである。私は基督の背中に負われ、かくされて往くのである。基督を衣《き》るという言葉は、すっぽりと封筒の中に入れられた様な姿をいうのである。私はも早や基督の中に隠されて外には見えない。基督がすっかり私を負ってい給うからである。だから基督と共にと言うことは、むしろ基督に負われてゆく幼児の様なものである。全く安心して親の背中に負われてゆくのである。勿論多少の窮屈はあろうし、また単《ひと》りで歩いて見たいけれども。かくて基督はいつも私にとっては多少の十字架を意味するのである。併しこの苦痛は実は光栄の大なるものだ。基督と共に十字架を負うとは、一つの軛《くびき》を二人で負うという意味以外に、なおこの様に互に十字架となって負い合う関係を意味するのではないか。

では昇天後の基督とは如何なる関係に立つのであるか。今基督は神の右にいまし給う。それでは地上の私とは無関係になったのだろうか。否、却《かえっ》て基督への関係は強靱になったのである。神は永遠にいまし給う。永遠とは、時間も空間も全く無くなったと考えてもよい。故に神の御前にある我ら信仰者というものは、神との関係に於ては既に永遠の中に入れられたのである。だから基督との関係も亦《また》空間を全く縮めて考えても良いのである。その経験を持つのである。聖霊と言うものが、その中間の働きをなすのである。聖霊が時間と空間とを取り持つのである。無時間即ち永遠の神の座と、有時間の私達との間を結んで呉れるのである。此処にあって而《しか》も同時にいかなる処《ところ》にも在り得るのである。それは聖霊の働きである。聖霊は言わば紐《ひも》の如きものである。先《さ》きには釘であつた聖霊が、今は護謨《ゴム》の紐《ひも》となつた。基督と私との間を取り結ぶ護謨《ゴム》の紐《ひも》である。

距離が隔てられれば隔てられる程、その護謨《ゴム》は緊張している。両者の関係は、益益《ますます》近くなったと言わざるを得ない。これが基督と私との関係である。だから基督と私との十字架的な関係は、益益《ますます》緊張したとしても、決して緩くはならない。基督と共にと言う関係は、神の御前にあっては、益益《ますます》堅くせられざるを得ない。「基督と共に神の世継とならん」（ロマ八・一七）とは、恐らく聖書中での最究極であらう。

だから地上にある我らは、なお基督と共に、言わば基督に背負われて、何処《どこ》までも、その路を共に往かねばならない。それは義務でもあるが、それにも増して光栄であり、歓喜である。エマオの途上を歩む二人の弟子に、イエスは「自ら近づきて共に往き給ふ」（ルカ二四・一五）とあるのは、我々に何という慰めと励しとを与えて呉れるものであろうか。基督と共にとは言うが、いつも基督の方から近づき給うのである。

基督と私との関係は、夫と妻との関係である。まだ結婚せぬ許婚の間柄でもある（コリント後十一・二）。雅歌は、この関係を最も美しく歌っている。基督は一人、私は一人、だから結婚の関係である。併《しか》し私以外の何れの人も、基督に対してまた花嫁であり得る。然らば一人の基督に対して如何に多くの花嫁があり得ることか。併し聖霊はまたそこに於ても働き給う。彼は我等をまず一つとし給うのである。我らは「一体とならんために皆一つ御霊にてバプテスマを受けたり、而してみな一つ御霊を飲めり」（コリント前十二・十二、十三、その他エペソ二・一四、一五、一八、三・六、ガラテヤ三・二八等）、これによって我等は一つ体となるのである。即ち一人の花嫁となるのである。それが教会である。教会は一つとなって、基督の花嫁となる。新天新地に於て、羔羊《こひつじ》の妻なる新婦は、聖なる都エルサレム即ち教会である。我らを一つならしめ、また我ら一つとなって次に基督と一つとなることがらも、すべては聖霊の働きである。聖霊が仲保と言われるのもそのためである。聖霊の働きが保姆《ほぼ》のそれであるのは、正に神の母なる働きを示したものであろう。

基督と共に、ということは実に大切なことである。私達はいつも基督と共にと言うことに終始しなければならない。私はいつも基督に随《ついてゆ》かねばならない。共に歩まねばならない。基督の重荷の一端を負わねばならない。否、却《かえっ》て基督にいつも負わされて、何処までも、いつまでも、遂には神の御前にまでもいたるまで、その路を歩んで往かねばならない。何と言う光栄、何と言う平安であろうか。神の世継とせられたとは、何も私や私達の功績によるものではない。全く基督が神の独子として世継であり給うからである。その基督に結ばれ、その花嫁として選ばれたからである。全くその資格もなき、その家の人でもない者が、ただ婚約の故に、約束の故に、今は光栄ある基督の花嫁として神の世継となっているのである。基督と共に神の世継とならん。基督と共にと言うことが絶対の条件である。

六

基督はいつも淋しき人の友である。淋しい処へ往き給う。基督の路は、だから此の様な淋しい処《ところ》に在る路である。城外の灰捨所のある辺《あた》りに下り往く路である。十字架への路である。基督に負われ、基督と共に往かざるを得ない光栄と苦しみとを同時に心に感ずる私達は、今もこの路を歩まねばならない。

私は基督《キリスト》の路を、まず東蒙古（熱河）に求めた。そして先ず承徳に来た。そして山の祈りに基督の姿をあざやかに見た。併《しか》し主はやがてその路を北にとって歩み出し給うた。そこで私もまた懐しい山また山の南熱河を去って、平原の展《ひら》く北熱河の中心赤峰に往《い》った。基督はなお続いて往《ゆ》き給うとしたが、私達は「強ひて止め」（ルカ二四・二九）たのである。主は暫《しばら》く留り給うたが、またまた北進の一途を続け給う。私もその跡を追った。かくて主は興安嶺《こうあんれい》近くに留り給う。そこには淋しき人々の群が待っている。自然の酷烈《こくれつ》（きわめてきびしく、はげしいさま。）もさることながら、世の人の鞭《むち》に苦しめられた処《ところ》でもある。併《しか》し人の心は却《かえっ》て主の恵に渇望している。貧しき人、心の清き者、義を求むるに熱心な者達が、基督の言葉に耳を傾けているのである。神を讃美しているのである。そして基督の往き給う処に随《つ》いて往きたいと希《ねが》う者もあるのである。主の福音を嘗《かっ》て聞いたこともなく全く暗黒の中に喘《あえ》いでいる人達も多くいるのである。かかる処《ところ》に続く主の十字架の路は、更に北に向って、北方に峻立《しゅんりつ》する興安嶺の白雲の尾根を越えて、万里の寒風吹きすさぶゴビの荒原を通って、更にどこまでもと続いている。基督の路は、実に厳しい、淋しい。併《しか》しそこを歩む者は贖はれたるものにして、歓喜と光栄に輝いているものである。再びイザヤ書と引照する――。

「かしこに大路あり、その道は聖道ととなえられん、穢《けが》れたるものはこれを過ることあたわず、たゞ主の民のために備えらる。これを歩むものはおろかなりとも迷うことなし、かしこに獅子おらず、あらき獣もその路に登ることなし、然ればそこにて之にあう事なかるべし、ただ贖われたる者のみそこを歩まん、エホバに贖い救われし者歌うたひつつ帰えりてシオンにきたり、その首に永久の歓喜をいただき、楽みを喜びとを得ん、而して悲哀となげきとは逃さるべし」（三五・八―一〇）

（了）

〔第135～137号、一九四四・五・一～一九四四・七・二〕

新《あらた》の墓にて

沢崎堅造

この静やかな心
丘の上にて
青空に　陽は輝き
牛群は　一瞬動かず
天国の影

わが児新《あらた》の墓は
見はるかす丘の麓

草畳み　海の如し
一盛りの土塊
木標細し

牛の群　取巻き
土を掻き　角をこする
木標折れざるや
されど我は心楽し

昨日は　小羊の跡一面
土塊は遂に無くなり
或は草地と化せん
されど　我は楽し

林西の西の山
墓標は東に面す

何か　東山の
伊藤君の墓と向ひ合す心地

旅に出でし時
母に抱かれて　我を送りたりき
我は顧みざりき
そは基督の道をゆくものなれば

最後の五分間
東門の漸く見えしとき
疲れし我は我を励したり
知らず、我家には
死にし児待てり

白き棺を央にして
人々は重なりて祈り居れり

我は　そと入りて
祈りの中に感謝したり

蒙古伝道――
それは余りにも重々しき言葉
小さき旅に
小さき死が　供へられたり

愚かなる父を励ますため
この児は　死を以て
再び帰へることなきよう
我が脚に　釘打てり

涙は湧かず
ただ堅きものが
胸も顔も蔽ひたり

単り離れん

あまりにも奇しき
厳しき　神の御旨よ
粛然として襟を正すのみ
伝道とは　天国の業なり

基督と共に
基督の中に
ああ基督に包まれて
何処までも　何時にても
何事が起きても　心安けし

天国は　静かに近づき
わが世に　垂れ交る
きよき、温き、心は充つ

基督と聖徒とわが児はあり

文は書けず
書は読めず
祈りも　たゞ黙するのみ
僅に　基督の生命　湧き上る

天国の便り
これを想ひ　これを述べん
十字架は
天国の窓なり

「復活在我」
「在基督裏　新造的人」
木標の両面に
風冷し

（第136号　一九四四・六・五　林西西山にて）

解題

片柳榮一

第一部

1 「涛声に和して」

『福音新報』（1924年7月—8月）に連載されたもの。本文冒頭で「私は今、識れる、知らざる友に向かって、湘南の地に病後の身を養う閑散な心に浮かぶ折々の想いについて語りたい」と述べられているように、大磯の静養地で執筆されたものである。不思議な静けさが読む者を包み、万感の思いをもって記されたものであることが伝わってくる。いわば森 明の遺言ともいえる文である。森は死期が近いことを予感し、「昨年頃から私は自分の身体が非常に悪くなって、ことに心臓が弱ってきていることをよく意識しているので、いつでも家を出る時（健康の悪いときは）、振り返って愛する家族の住み馴れた家を見るのも、いつできなくなるかもしれないと、自然に思うようになっていた」という。そしてこのいわば一期一会の思いを、かつて救世軍のブース大将から聞いた言葉を思い出しながら、改めて反省している。この逞《たくま》しく丈夫らしい人物、世界的事業を計画し、将来大いになすあらんとしている人が、「自分は常にこれが最後だと思って講壇に立つ」と語るのを聴いて、病身の森には大将の他の言葉と違って、自然に心に響かなかったという。しかし今、少し彼の言葉が納得されるようになったという。あのはちきれんばかりに健康で、事業に邁進する人も、また自分のように病身な者にも次の真理はあてはまる。

「いかなる理想も、事業も、すべては御手の中にある……すべて、わが実力でもなければ計画でもない。理想も抱く。計画も立てて事業にも取りかかる。しかし自分には刻ゝにこれが最後であるとの意識にあるとき、すべては浄められる。野心や私心の暗い影を少しも引かない。そのとき精神においては、神の御事業にふさわしい」。

すべてを神に依存すると信じ知る者にとっては、健康な者も、病身な者も、いつもこれが最後の時との意識をもつことが相応しいのだと、改めて悟らされているのである。過ぎ去り行く時を澄んだ思いで受け入れていることがひしひしと感じられる。

身を切られるような過ぎ去りの時に晒《さら》され「永遠に別れる必要のない世界があらざれば、生はあまりに情けない」との思いを抑ええない森にとって、この静養の地の自然も、これまでにない語り掛けを以て迫る。

「湘南の初夜は祈りに更けた。静寂なる自然の中に、日中にはそれとも気づかなかった涛声が、はるかに聞こえてくる。この夜、私は、人間の運命が、時あって大いなる屈曲を画いて、導き押し流され行くものであることをしみじみと思うた」。この変化は、幾多の内容によってではあるが、「『みずから思わざる所につれ行かれる』とイエスが運命について教え給いし通りである」。

この文の標題の「涛声に和して」に込めた森の思いが窺《うかが》える。まさに自らの思いを越えて流れて行く時間と歴史の峻厳な事実の前に深く額《ぬか》づき、神の不可思議な憐れみの御手に委ねようとしているのである。この思いはこの文の終り近くに記された七里ヶ浜への散歩の箇所にも記されている。3、4名の子供らが、波打ち際の岩をつたいつつ、他の一端へ巡るのをながめていた尊敬する先輩が「僕が数年前にここに来た時はどうしても渡れなかった」と感慨深く言われたのを聞いて森が抱いた思いである。

「私の脳裏には、その時反射的に、絶えず岸に寄せては白い泡沫《うたかた》と砕けて飛散する波の姿が刻まれた。人力の及ばないことを、自然がする。これをとどめんと欲するもとどめ難い。目前汲み揚げる水は、人意のままに従わせえようとも、大海原の偉力を誰か左右しえようぞ」。悠久の自然の様を語りつつ、森の真意は、その悠久の自然の如く押しても引いても何ともしがたく見える時の流れ、歴史の内に、或る測り難い偉大な力を感得しようとの願いである。

このような峻厳な抗い難い流れの中に立たされながら、森はなお自らのなすべき業に勤《いそ》しもうとして、「三通の手紙に言及する。米国の排日移民法に関連しながら、植村正久先生へあてた手紙と、文化対宗教に関わって真理の客観性にまで触れて、盟友高倉徳太郎に宛てた手紙、また時局の政治にかかわる或る事件に関して吉野作造に宛てた手紙である（高倉に宛てた文化対宗教の問題は、浅野順一との関連で後に論じる）。

歴史への忍耐強い眼差しがよく示されている、吉野作造との語らいについて、先ず、触れておこう。大正のデモクラシー運動の先頭に立った吉野作造は、帝大の中にささやかに創られた「基督教共助会」に目を留めて、一会員として加盟したいと申し出てくれた。森にとって何という励ましであったであろう。その吉野との交流の中で交わされた言葉を、この静養地で想い起しながら、綴っている。日本の現状に非常に悲観的な見方をする人々が多い中で、吉野は最近の青年の中にこれまでになかったような地道な志を見出して、仄《ほの》かな希望を語り、日本について「大体において大いに恵まれた国であると思っている」と述べたのに対し、森は或る懸念を表明する。「しかし大兄の言われる通り不思議にも進歩し来った国ではあるが、私にはいかに考へても『歴史』が不足であると思われる」との森の反論に対し、吉野も「その点である」とやや沈痛に応じたという。そして森はこの吉野の言葉にコメントする如く記す。「すべての真理の理想も生命ある価値となすためには、経験、歴史によってのみ初めて真の意義を生じるのである。信仰も行いを離るれば死する（ヤコブ二17）ごとく、体験より来る自覚の伴わざるすべての社会運動は、盲目的で少しの意義も価値もない。この真理の自覚を促すために、真の意味において、人物を要する。この意味において、ますます自己に忠実であるとともに、伝道の重大なる使命を有するものと、言わなければならない」と、自らの伝道の使命を確認している。森にとって、真理は人が自ら生きる中で生命ある価値となるものであり、だからこそ時間と歴史の中で、忍耐をもって獲得されるものである。深い意味で民族が森にとって問題になるのも、真理は時間の中で長い歴史を通して生きられねばならず、歴史は一人個人のみで成り立つものではなく、共同体の茫漠たる営みを含んでいるからである。

「涛声に和して」では必ずしも明瞭に述べられてはいないが、植村正久への手紙の主たる内容は、米国が日本人を排斥する法律を制定したことに対する反対の意見を述べ、日本の教会全体が米国基督教会に対して、キリスト者の立場からこの政策がキリスト教の福音に反するものとして抗議すべきことを述べたものである。森のこの問題に対する考えは「宗教生活の充実――同化問題とその宗教的意義」（『森 明著作集［第二版］』257―280頁）に詳しい。森は今度の米国の移民法の根底にある考えを次のように見る。元来異人種の移民で成立してきた米国が、日本人を排斥するのは、「日本人は諸種の優秀なる性質美徳を有すれども、先天的に欧化せざる国民なり」との判断があるからであると見る。単に労働・経済問題ではなく「国家存立の基礎に関する一大問題なりとす」(『第二版』269頁)。米国が常に抱える異人種問題の当時の極めて非人道的、非キリスト教的反応と見て、森は厳しく批判するのである。

森は異人種が一つの国家を形成する「同化」の困難さを生物学の最新の学説まで引用し確認しながら、それを逆手にとって、人類の前途は、必然的に「同化」を要求しつつあるのであろうかと自問する。そして次のように述べる。「各民族の習性その歴史の与えたる美しき特性を助長しつつ、しかも『同化』の達成せんとする機械的または運命的一致でなく、より以上に優秀なる途、すなわち各自の人格性・民族性を生かしながら、全く自由に道徳的に自意識的に一致し、社会あるいは国家を構成することは許されないであろうか」(『第二版』268頁)と問う。森はこの同化し難い「民族」の固有性を認めて、異分子を含んだ多元的国家を目指すのが、将来の世界の避け難い方向であろうという。鋭い直観である。「それは、将来は世界いずれの国家にも避け得ない極めて困難な問題として到来するであろう。この国内異分子の各個性を十分に開発せしめつつ、しかも同一国民としての政治的統制に成功せしむべき、多元的国家構成の率先的実践者であらねばならない」(『第二版』274頁)と米国のあるべき姿を説いている。現代の世界が、多くの混乱の内にも向かわんとして苦闘している方向を、森はすでに見据えている(もちろん森が、日本の当時の植民地政策をどのように見ていたかは、あらためて問われねばならないであろうが。著作集『第二版』276頁以下参照)。

高倉徳太郎「『涛声に和して』を読む」

森明が「高倉氏は、実は私の先生である」（〔第二版〕23頁）と述べて慕っていた高倉徳太郎の「涛声に和して」を読んでの感想である。高倉らしくこの文章から、森明の二つの面を取り出している。一つは森明が徹底して「恩寵」に生きた人であるということである。「森君は神とキリストの恩寵をあふるるばかりうけ、これを味わった人である事がわかる」と述べ、「同君の全存在、その病床も主の聖なる恵にひたりきっていたことがわかる。そして『幾度か生死の間をさまよふが如き』ときにも、単純にキリストに信頼し、絶対に服従して思ふにすぐる平和と歓喜とを経験せられていた」と病と窮境にも恵みをみていたことを述べている。

もう一つはこの恩寵に与った者としての重き責任の自覚であり、それ故の戦いである。「先ず第一に基督の恩寵を更に深く味ひ、彼に忠実ならん為に自らに宣戦する事」の言葉を引用している。「同君に於いては、主によれるかぎりなき平和から罪悪とのはげしき聖戦が生まれて来たのである。森君は実に良心の鋭い人であった」。神との平和、赦しに由来する自らとの闘いが為されたと洞察している。

そして森明のもう一つの特徴を印象深く記している。「彼は自然の美に打たれつつ、道徳的反省をうながされた人である。『美はそのまゝに美に耽ることが本来の性であっても、虚偽の多い人生には、その自らなる姿が、道徳的反省を促し来るやうに感ぜらるゝ』」。森において感性の鋭さが粛然たる真摯さを響鳴させていることに感嘆しているごとくである。

「森君の信仰には死に直面したるものの終末的真剣と清らかさとがいきている」として、「併し自分には刻々に是が最後であるとの意識に有るとき、すべては聖化《きよめ》られる」の文章を引用し、森の伝道への命がけの熱意の隠れた源泉を見ている。

さらに森の祖国への憂情、また文化対宗教の関係への深い顧慮などに触れ、半ばに倒れた同志への、言葉にならぬ哀悼の念が込められている。

石原 謙「森 明氏の選集を手にして」

石原は森との実際の交わりはそれほど密ではなかったようである。「氏のせいがいに接することは余りに屡々《しばしば》でなかった——影の形に添うように植村先生と倶に居られた頃の若き姿には、私は先生と遭ふ毎に常に接することを得ていたに拘わらず」と述べている。石原も森の視野の広さに感嘆している。「基督教の教えから比較宗教学的事実に論及し、哲学及び科学に関する幾多の問題に亘って周到な考察を試み、文化一般の意義を問ひ、更に国家と民族と人類全体との使命と帰趨とに深い関心を抱いている」。しかし森の生の核心にあるものを石原は次の森の文章のうちに見出している。

「真理を生かす者、それは唯一人基督あるのみである。……私たちはあるひは真理を観ることが出来よう。然し真理を知り得ても之を生けるものとして実現する能力を欠いている。真理が生ける真理である為には、先ず私たちの人格が救はれ、絶えず神の愛に護られつゝ生きなければならないと思ふ」。

炯眼《けいがん》である。

2　森 明との出会いを語る

山本茂男「森先生を始めて識りし頃」

山本にとって森 明が如何なる存在であったかを語るこの「思い出」の文章の構成そのもののうちに、山本の熱い思いが窺える。早春の沈丁花とともに山本に思い出されるのは、森が逝去した日であるという。この日山本は、森年来の望みであった、学生大連合礼拝の会場探しに奔走していた。森が一万人くらい入ることのできる会場を希望していたのを知っていて、ようやく3千人は入れる新築の青山会館で予約がとれて、病床の先生を喜ばせることができると胸を弾ませて、淀橋の森の御邸《おやしき》に向かう。しかしいつも閉められている玄関の格子戸が開け放たれているのを見て、異様な直観で、森先生がすでにこの世にないことを知る。この虚脱の思いを抱えて、山本は森に直接導かれた地上十年の魂の巡礼の日々を回想している。

鹿児島から出て来た初対面の学生に丁寧に応対し、「小さな教会ですが、どうか同情をもってお助けください」と語る森 明に魂の気品を感じたという。森の説教は深刻に罪の問題に触れたものであって、山本には耐えきれず、懊悩の極み、憂鬱病者のようになり、教会を遠ざかり、孤独を求めて、閉じこもらざるをえなくなった。或る夕、突然森が山本の下宿を訪ねてくる。困惑し黙して対座する山本に、森はポツリと「人生は寂しいね！」と語り、「だが孤独は罪を孕むよ」と、心臓を貫くような言葉を語ったという。「基督が吾々の様な卑しい罪ある者のために十字架の上に贖罪の血を流して下さった」と語る森の声は感激に震えていたという。駅まで森を送る途中、月の上がった澄み切った空の下で、森は「君、本当にお互い友達として確《し》っかりやろう」と語り掛けてくれたという。山本ははじめて基督者の友情というものを意識するようになったという。

本間 誠「ある主に在る友に」

共助会について尋ねる友に対して、この問いに相応しく答えるには、森 明先生のことを紹介するのがよいと考えた、として本間が出会った森 明について、主に三つ語っている。

第一は、森 明が、基督のよき漁人《すなどりびと》であったとして、如何に森に接した青年たちが基督に引き寄せられていったかを語る。自らの信仰上の問題や一身上の憂いをもって森のところにやってくるが、帰るときには自らの苦しみを顧みてくださる基督の心を、森との会話の中で、しみじみと感ぜしめられて、基督にもっと一生懸命お仕えしようとの気持ちをいつも抱いていたと振り返る。森を通して自然と基督を知らしめられていたという。

第二に森に接して、罪を深く意識させられたという。森を慕う気持ちを青年に起こさせたが、必要ならば非人情とも思えるほどに突き放されることがあったという。先生の眼に留まるのが恐ろしく思わず避けたくすらなったこともあったという。それはその人がただ基督に近づきたいとの志からのみ先生を慕い、交わりを求めるようにするための愛の工夫であったと今考えるという。

第三に森によって人々は祖国を愛し、祖国が基督に在って救われんために大いなる使命があることを教えられたという。

奥田成孝「魂の人 森 明先生」

奥田は自らの生涯の師としての森 明を「魂の人 森 明先生」と呼ぶ。それは何よりも森 明を、自らの魂にかけがえなく触れた人として覚えているからである。

「兎も角も失せたる魂が人生に望みを見出し、今かく感謝を以て生きて居るということ」は疑い得ない事実だからという。さらに「失せ、疲れた所の魂が全面的に満たされると言ふやうな感をうけるに止まりませず、自分も発奮して先生に導かれて思想の問題にも自分なりにも一つ思ひいうことを知るのであるという。

奥田は森の了解のもとに内村鑑三の教導を受けたが、内村により示された福音の真理性が生命となって自分のうちに生きてきたのは森のおかげであるという。奥田は森の含蓄深い言葉を噛みしめている。

「人生は真理の指示のみでは終に生命とは成り得ないと言ふ事実である。其の一つの場合を示すと真理であると言ふ一つの自覚を得ても、之を私たちの生活に実現することは不可能である。実現の出来ない真理は価値となり得ない真理で、従って死せる真理である」。

奥田は森を通して、生きられた真理を目の当たりに示されたと言えよう。

奥田は森とのある時の会話のうちに、森の魂の奥底を垣間見ている。「嘗て先生との或る会話の節に何故に主イエスを信じるかと言ふ話が出たことがあります。其の時に先生はあの主をなつかしむやうな、うるんだまなざしを以て『主がさうすることをのぞみ給うからだ』と答えられたのを覚えて居ります。如何に先生の恩寵の経験が愛の純粋性の深みにまで聖別されていたかを深く思ふのであります」と追憶している。

小塩 力「断片三つ——たよりにかへて」

この三つの断片（的文章）はモザイク模様をなして、「小塩 力」という類まれな人物の心の底を朧《おぼろげ》に照らし出している。最初の文章は、かつて左翼の謀将と言われ、いまや民族の魂の行方を憂うる人と評された浅野晃の言葉である。「われわれは周囲を顧慮することなく、独り歩めばよい。われわれは世俗から一見あまりに遠くかけ離れることを少しも恐れることはない。われわれは、自己の途を、そういうもので計るのではなしに、われわれの内なる民族のカオスへの献身によって計ればよい。われわれは自己の自覚を日本の自覚と信じる故に、独り歩むべきである。民族のカオスを信じる故に、他の独り歩む者らを尊敬すべきである」。小塩は、このような民族を憂うる孤独なる魂の叫びに比べて、「福音にとらへられ、宣教の使命に鼓舞されている筈の我々に、これ程の確信と鮮々《なまなま》しい幻もないとは恥ずかしい」と述べ、「我々は憂へる。我々の鈍さと怠りの故に、時代の流れの激しさについてゆきかねる為に、我々の讃歌がか細く、我々の幻が脆いのではあるまいかと」と悲痛な呻きを抱いている。

第二の文章は、近隣の風景を何気なく記したものである。「暇を得て、街はづれの丘に登った。淀んだ池がある。水連が白・赤・黄と咲いている……中腹から上に、巨厳大石が黙坐していて、これを囲んで杉、樟《くすのき》、そして松が。松でくぎって碧空である。臥して唖《(原文ママ)》の如く、漂白の雲を見ていると、飽くことをしらない。竹林の清々しさが疲弊した身を包み静めてくれる。ああ何という懐かしさであろうか……ふと声にもれたとき、追われる者のように、下界に降りた」。小塩の疲れ、傷つき、鬱々とした心が鮮やかに感じられる。

そのような小塩が、第三の文章で、森 明との最初の出会いを思い起こしている。軽井沢で、「えらくいい修養会がある」と誘われて、気軽に出かけたが、何か場違いな異邦にきたような感を覚えていた第三日目に、森 明の風貌に接する機会を得た。伝道者となった経験を語る一時であったという。「ややピッチの高い、モノトーンともいふべき声音が異常な（実際僕は異常と感じた）圧力をもって僕の魂にぢかにおしよせるのである。僕は少し大げさにいへば、机にしがみついて、満面朱をそそいで迫るこの威圧に抗していた。何をいはれたか、少しも分からない。殆ど理解を絶して、ただ焔のやうなものがあふりせまってくるのであった」。このような森 明の「存在」に捉えられたという。ここには確かに「あなたの大滝《おおだき》の響きによって淵々《ふちぶち》呼びこたえ」（詩篇四二7）との消息が感じられる。

浅野順一「書斎の先生」

浅野は、森 明の書斎について語りながら、森 明の生の奥まったところを照らし出している。浅野は初めて書斎に招かれた時を懐かしく想い起している。その時、自分は子供らしい得意と満足を覚えたという。森は自らの書斎を初対面の人に見せるようなことはしなかったという。「先生の清く深く大きな友情は未見の友をも固く抱擁する不思議な力を持っていたが、同時に先生は何もかも最初から曝《さら》け出すような無様《ぶざま》な交友の態度はとらなかった」という。浅野自身、大分親しくせられてからようやく書斎に入ることが許されたから、得意げになったのである。いわば弟子として認められたと感じたのであろう。

浅野は書斎にケーベル（Raphael von Koeber, 1848~1923）とベルグソン（Henri-Louis Bergson, 1859~1941）の肖像が架けてあったことを印象深く記している。東大の哲学教師として赴任していたケーベルの人格と学風に森はいたく私淑《ししゅく》（尊敬する人に直接には教えが受けられないが、その人を模範として慕い、学ぶこと。）していたという。そして森が20世紀最大の哲学者ベルグソンの思想に深く傾倒していたことも知られている。魂と宇宙の神秘への直観を森はベルグソンの思想から養われていたことが森の文章の行間から伺える。

（『著作集』［第二版］182頁および311頁参照）

中学生として書斎に招き入れられた浅野が羨望の眼で見たのは、ぎっしり並べられた夥《おびただ》しい英書であった。自然科学、とくに生物学、哲学、神学、政治、法律、経済など文化の各方面に亘っていた。「先生の眼界は広くあったがその理解は決して浅薄に流れることはなかった。先生の直覚力の鋭さは問題の要点を的確に握り、よくその判断をあやまらなかった」という。森は病弱の故に学校教育を受けず、独学であったため、周囲に集まった大学生に「諸君は高等教育を受けて居られて羨ましい」と屡《しばしば》語られたとのことだが、「独学者の持つ共通な痩《やせ》我慢《がまん》やひがみの如きものは先生には露ほどもなかった」という。

浅野が森亡き今を語る次の文章は、当時の精神状況を垣間見せてくれる。

「欧州大戦後世界の変動は激しい。その千波万波を敏感に感じる日本の思想界は先生逝去後特に変転きわまりない昨今の有様である。……今日の危機神学と之に深い関係を持つ存在論的な哲学とに対して先生は如何なる態度をとられたであらうか。現今の社会不安、共産主義やファシズムに対しては如何、特に満州問題をめぐる国際連盟の論争に対して先生の見解はどうであらうか」。

浅野は森の思想の深く独創的であることを深く見据え、これを自分たちが如何に担いうるかを手探りしている。

「先生のもてる永遠的なるものは古い装《よそお》いの内にもられて居ったかも知れない、併し我々はその内に装《よそお》いはされたる先生の自身のものを把握し、先生若し今日在せば如何に思ひ、如何に考へたであらうかを追求して行けばよいのである。装は古いがその内の先生は今日も尚新しく我々に活きて働きかけている。貴いのはその装ではなく、不断に進歩してやまない先生その人ではあるまいか。同時に我々は先生に未完のままに遺し逝かれし部分を分担してうめて行かねばならぬ責任がある」。

この言葉は今の私たちにもあてはまろう。

浅野順一「基督論に関する森先生の手紙」

浅野のこの論考は、この論文集の中では異色のものである。森 明の弟子たちからみた「森 明」についての言及は基本的には、森「先生」讃であることを免れない。森 明の思想が如何に自らを養い育てたか、それ故に如何に真実な思想であったかを証言するものである。しかし浅野のものは、子弟関係というより、幼少から訓育を受けた親しい年長者に対して、遠慮のない、真剣で、またいわば「やんちゃ」な反抗の記録である。しかも浅野は、やがて近代の批判的な聖書学を志す者となるが、そのような近代人としての問いを、すでにここで鋭く、森 明に対してぶつけている。ドイツを中心とした批判的な聖書学の基本的な姿勢は、新約聖書のうちに、神の子キリストというドグマではなく、ナザレのイエスの人間としての「生」を見出して行こうとするものである。このような姿勢に惹《ひ》かれる者からすれば、処女降誕を信仰の入り口にするような議論は受け入れがたかったであろう。しかし森 明は、浅野によれば「基督《キリスト》の処女降誕の如きも、単性生殖の生物学的現象と連関して、経験世界の事実としてありえないことではなく、否あって然るべきことと主張されていた」という。これに浅野は「つまづき倒れた」という。何度もの手紙による批判の応酬のすえ、森 明からの「僕はつまらないからペンを置きます」との拒絶の言葉を受け、浅野は「甚だ失望して、教会関係、特に伝道講習会から辞したき旨を申し上げ」、二人の関係には亀裂が走り、翌年に森 明は逝去《せいきょ》している。

激しい論争の核心は、森の次の文章によく現れているように思える。

「基督論に関して御考へを漏らされたのを喜びます。信仰（論理上）の基督は経験の基督と同一ではないと言ひうるでせう。然し夫れは明かに二元論ではないのです。言ふまでもなく学問上からは経験的真理が在って之を帰納し来たった処に妥当的真理が成立するように見へますが実は妥当的真理が存するから経験的真理が成立つのであります。そのことは時間上の前後ではなくして論理上の前後であることは既に御存知のこととします。信仰の基督が経験の基督を構成している理由です」。

少し分かり難《にく》いが、神の子としてのキリストと人の子としてのイエスの関係を、永遠不変の、妥当的真理と経験において知られる偶然的真理の関係になぞらえ、当時流行《はや》りの、新カント派流の議論をしている。

浅野が告白しているように「当時の私は、理性に於いて基督の神性を認め難いので、経験の世界に於いて専ら之を信じて行こうとしたのである」という。経験の世界においてこれを信じるというのが、どういうことか、分かり難いが、イエスの人間性の愛の極みに神性の片鱗を覗き見るというようなことであろうか。森の立場からすれば、私たちのキリストへの近づき方はそのようであるとしても、経験の世界においてなお信じるというかぎり、その信の構造において、その対象は永遠不変なるものとして、我々に先立つということが、その信において認められているではないかと森は主張しているのであろう。「経験は常に修正されつつ進むものですから恒存する基督が真理の世界に於いて主張され夫れに準拠されなければ経験的認識だけでは危いのです」と森は語り、真理としての恒存的なものが、我々の生を導くということがなければ、我々の生そのものが危うくなるのだと、警告している。

浅野が森の神学あるいは宗教哲学的思想の根底にみていたのは、「知信合一《ちしんごういつ》」の確信であるという。

「信仰の世界に於いて真理なることは、哲学・科学の世界に於いても亦真理でなければならない。例へば基督の神性についても、唯之を聖書に感ぜし者のみが承認し得る真理であるとすることに満足せられずして、いやしくも健全なる理性を持つ者は、何人と雖も承認しなければならぬ真理であると確信せられ、この確信を合理的に理解すべく苦心せられた」。

そしてこの思想を浅野が自らのものとはなかなかなしえないと感じたものでもあった。此の感想は、今の私も漠然とながら森の思想に感じる違和感に通じる、なかなか正直なものである。

浅野の森宗教哲学のまとめは、「涛声に和して」の高倉への手紙の内容に照応する。森は自らの課題を次のように語る。

「もちろん私たちは、神の恩寵によって引き出されたるキリストにおける客観的真理の確信に生きるものであることは言うまでもないが、その因って来る理由を、学問の上に立証したいと思う。そしてそれが、文化意識の依る真理の自覚と、いかに交渉し相触発するであらうか」。

キリスト者がこの問題に真剣に向き合わないために、世の理知的な人々は、キリスト教を愚昧な迷信として軽んじるか、キリスト教の本来の使信を曲げ修正しようとの動きさえすると危惧するのである。学徒たるキリスト者の課題を次のように記す。

「ユダヤ人のみならずギリシア人にも、宣べ伝うべき福音である。私たちの責任を、彼らの上にも負うべきはずである。そこで、思想界の現状に顧みて、必須欠くべからざる要点は、キリスト教の真理の宣言にあらずして、いかにしていかなる理由の下に、それが真理ならねばならないであらうかという真理認識の方法論的立証である」。

浅野は自らの森に対する反抗を苦い思いで回想しながら、次のように述べている。

「先生は宗教でも神でも、生命進化の方面からときおこして居られる。そして人間の宗教的要求や自由意志の如きも、之を全的に認めて居られる。そこには一見信仰合理主義の如き言調がないでもない。然《しか》し乍《なが》ら先生が罪の問題に触れる時に人生の真相を如何に深刻に握って居られたか、而してそれ故にキリストの十字架こそ人間にとって唯一の救いの途なることに対して何者も動かすべからざる確信を抱いて居られたことが解かる。先生の基督論は実に、斯る贖罪観の上に立っているものであることは言ふを待たない」。

若き日の迷いと反抗のほろ苦い悔悟のなかで、浅野が見出した生と思索の方向であるが、この言葉に示唆されながら、私たちも自らの生の経験のなかで、己が暗闇を照らしだすキリストのロゴスを示され、生きねばならないであろう。

山本茂男　「故森寛子刀自《とじ》」

１９４３年11月2日に80年の生涯を終えた森 明の母堂への追想である。岩倉具視の六女として生まれ、森 有礼に嫁して、森が明治22（１８８９）年2月11日の憲法発布の日に暗殺された時、寛子は25歳であったという。この暗殺は伊勢大廟に対する不敬の振る舞い（ステッキで御簾を挙げた）を誅するものとの説があるが、それは根も葉もないものである（このことに関しては関谷綾子『一本の樫の木』日本基督教団出版局、１９８１年、67―70頁参照）。この噂とともに森 有礼が基督教徒であったが故に暗殺されたとする噂もあった。寛子が基督教に入信するのは15年後であるが、「岩倉公の血を承けた刀自が、基督を信じることは、祖先の伝統と周囲の環境から見ても、容易ならぬ勇気を要することであった」と山本は記す。熟慮と苦悩のなかで、植村牧師に教えを乞うが、植村は「親に孝行するのに何も人に相談する必要はないでせう」と答え、寛子は目から鱗《うろこ》が落ちる思いだったという。当時16歳の息子明に相談すると、明は「わたしはずっと前から心の準備も決心もついて居ります」と答えたという。

森 明が伝道者として立つのは、第一次世界大戦が勃発した1914年のクリスマスの頃であったという。山本はその背後に、アブラハムのごとく、愛子を伝道者として捧げた寛子刀自《とじ》の従順なる信仰と健気《けなげ》なる激励があったことを見逃してはならぬという。山本はここで寛子と明の母子関係の微妙な点を繊細に見ている「時として『婦人の愛は濃やかで行き届くが、用心しないと男子は人間になり損なうよ』と自他を戒めた先生であるが、晩年の大患の後に大磯に於ける療養の間にものした随筆の中で『見知らぬ土地へ来た。しかし此処にも第一に気遣わしそうな母の顔が見出される』」との森の文章を挙げ、そのように森 明の心を母は占めていたことを記す。しかし明はこれに続く文章で、母といつも愛子を捧げたアブラハムや、『我が母我が兄弟とは誰ぞ』（マルコ三33）の聖句を語り合っていたと述べている。母子の直接的関係を信仰によって厳しく切断しようと努めていたことが見て取れる。

山田松苗「森先生の追憶」

森 明に親しく接したことが滲み出た文章である。独学の森が、健康な学生を羨んだことはよく知られている。山田もその間の消息を語る。「僕は学校へ行かないので友達が無くて淋しい」。しかしそれに続いた森の言葉を記している。「然し大学生が一年間で学ぶことは独学では二三ケ月でできるね」。その独学の成果により、「十七八歳にして既に自由に洋書を読み、文学に哲学に科学に音楽にその止まるところを知らなかった」という。

森は殊に直観力において非凡であったという。「或る時は一時間程対談して久しく交わる友人さへ知らなかった過去の精神的異状を見出され、或る時は先生の禁を犯して友人を訪問し、そしらぬ顔をして先生の前に出た人を観破された」という。森の聖書解釈の鋭さには、時に爬虫類が獲物に食らいついて離さないような執拗で、かつ研ぎ澄まされたものが私には感じられるが、山田が「物の姿の奥に流るゝ意味の世界、これを悟ることが信仰の奥義である。神の啓示は暗示の中に其の姿を現わし給ふ。故に之を読み得ない人は浅薄なる現実主義者となってしまう」と森の「ものの捉え方」について語る時、聖書の読みの深さの出どころを明かされるようである。

第二部

本間誠　「秋」第7号（1933／9）

本間誠は『共助』誌に数多くの説教を残しているが、私たちは敢えて随想ともいえる「秋」を選んだ。謹厳な説教者としての面だけでなく、瑞瑞しい詩的感性の持ち主であることを窺うことが出来るからだ。「暑い盛りは炎暑と闘ふことに心せわしくて、何も顧みる余裕もなかったが、かうして秋風が立ってくると、身の回り天地自然の姿も改めて目に映ってくる。さうして自然の姿に人は自らの道徳的反省をも促されるやうである」と冒頭近くで述べている。エデンの園で、アダムとエバが自らの罪に悔悟したのは、日の涼しき頃であり、バアルとの闘いに疲労しきったエリヤが、7千人の同志があると、静かな御声を聞いたのも、岩陰の涼風に憩ふた時であると語る。さらに秋を歌った歌として、「みどりなる一つの草とぞ春は見し、秋はいろいろの花ぞありける」との和歌を引用し、時間の経過の中で、多様なる進展の結果が見えてくるのも秋だという。

「人の世に生きる限りは、苦しみもあれば喜びもある、涙もあれば感謝もある。併しこの複雑なる人生にも、若し一つ生命・一つ秩序に連なるならば人生は美はしくまた永遠なるものでありうべきを暗示してくれるのは秋である」

という。「深く秋の美を見、秋の秘密を知る農夫は、今見渡す限り寂しい許りでなく、近づく厳冬の日を覚悟しつつ、陽春の来るべき喜びを確信せしめられて、麥を蒔きこれを育成して不安を抱かないのである」と語り、自らの伝道生涯を励ましている如くである。そして叫ぶように語る。「秋を見よ。基督を仰げ。時代と環境の如何に拘わらず、基督に連なり基督に在って、永遠の生命・霊の実を結ぶべき種子を賜りし者が基督者である。今は誠に秋の落葉樹の姿にも等しいかもしれぬ。しかし常緑樹も立っている。今は色香も生命の程もあやしまるゝ小さな籾米の如く見栄もあるまいが、基督の生命の宿る限りは春が来る筈である」と、我々をも励ましている。

山本茂男「年頭の祈願」第11号（1934／1）

もうすでにこの頃（1934年1月）「非常時」という言葉が語られている。「世は非常時と言ひ、社会不安の渦中に在りて、世相を観ずれば滔々《とうとう》として逸楽《いつらく》に流れ、人心の道義は益々地を払ひつつある」（81頁）。確かに大陸ではきな臭い戦いの報道があり、声高に非常時が叫ばれても、「滔々として逸楽に流れ」というような、或る種の浮かれた雰囲気があったようである。しかし共助会の先頭に立った人々の眼差しは、信仰の光に照らし出されて研ぎ澄まされている。「佛教徒は勿論、基督教徒も今更の如く日本精神を唱道せねばならぬ時代となった。日本的基督教が俄かに飛び出しさうでもある。然り、日本精神可なり。日本によりて新たなる基督教の生命は世界に輝き出づべき事は吾等の念願である。然し基督教徒は徒に周囲の勢いに脅えて妥協してはならない。……たとえ如何に基督教が日本的になることを必要とするも、その真理を枉げて妥協するならば、それは自殺行為である」（前掲論文82頁）。1935年の今泉源吉の「みくに」運動が始まるのをひしひしと感じての、「否」の言葉である。

奥田成孝「京都支部創立満十年を迎ふ」第16号（1934／6）

この標題は一見、一つの団体が創立されて十年を迎えたことを報告する事務的散文的な趣をもつが、その内容は異様なものである。魂と魂の激しい呼応を伝えている。京大共助会は大正13年

（1924年）6月14日に誕生し、今10年を迎えていると書き始めている。奥田にとってこれを中心とする数年は最も激しく燃え動くものを内に秘めた年月であったことが知られる。

この創立を突き動かしたものはその前年大正12年の秋に起こったという。この年はその9月に関東大震災があった年である。森 明はその春から京都への伝道を計画していた。奥田が震災の直後、どうされるか尋ねると「尚更行く」と返事されたという。この震災に関して、森 明が「震災に於いて現わされた神の聖憤について悔改る所なき者は人生の試験に落第した者だ」と当時の説教で厳しく語られたことを奥田は思い出している。喘息と心臓を患っていた森は、震災に伴う様々な無理や心痛が重なり、一層健康を損ね、重い病の床にあったが、それでも京都伝道願い、汽車によらず、船で神戸まできて京都に赴いたという。伝道は二日にわたり、内容は「基督伝研究に於ける人生改造の問題と彼自身」及び「基督の自意識について」で、森が学生に伝えることを願った核心の問題であった。森はこれを機に一つの集まりを残しておきたいと希望したが、しかしそれも自然の成行に任せたいということであったという。しかしこの旅行がもとで半年にわたる大患に襲われることになる。

この伝道集会がもとで相知るようになった数名（岩淵・鈴木・奥田）の学生が祈り会をするようになり、翌年春の頃、京都の地に、基督への信仰に励む一つの団体を創ろうとの希望を抱き、その6月に東京から本間・金谷という友を迎えて祈祷会をなし、共助会京都支部が創立されたのだという。森はこの年の秋にも京都伝道を志すが、病はますます進み、「人を恐れず神を仰ぎ友を信じ決死の一途を辿り申す可く候」と京都行きの決意を手紙に記すが、叶わず、以後重病に臥し、翌年3月には召天してしまう。奥田にとっては、一粒の麦が死ぬことによってはじめて成立した京都共助会であるとの思いがこの文章にはにじみ出ており、それに生涯応えようとの決意が覗えるものである。

福田正俊「神と人間の意志」第18号（1934／8）

福田も同じように、日本精神に関わる問題を念頭において、次のように述べている。

「例へば日本国には優秀な過去の芸術と伝統と民族性とがある。これは今日日本精神と基督教の関係の問題として新しく考へ直されている問題である。私はそのことを良い傾向として容認するのに吝《やぶさ》かではない。しかし日本精神や日本文化の中にも神的なるもの、絶対的なるものが存在し、神の意志其物が日本文化の発展のなかに認められ、かくて吾々は神の言たる基督とともに日本精神にも『神の言葉』を聴かねばならないのであるか」（1934年8月）。

福田はこの問いに対しては明確に「否」を語っている（おそらくバルトを見つめていたであろう）。共助会の創立者森 明は、歴史の経験する「産みの苦しみ」を通過して初めて世界主義に至るとの深い歴史意識をもっていた。「キリスト者である私たちは、世界主義を急いではなりません。また私たち自身の結実を未熟の中にもぎ取ってはならない、これをゆたかに実にしなければならないと思います。東洋文明がキリスト教の洗礼を受けて、いよいよその特色を発揮するに至る日を、待ち望み努力すべきであるのでしょう。日本固有の神道も、伝来した仏教や儒教もさらに一段の光輝を放ち」（「民族の使命について」森 明著作集［第二版］48頁）。森 明は使徒行伝一七章26、27節「一人の人からすべての民族を造り出して」のうちに深い意味を読み取っている。共助会にとって、この問題を避けることは今後もできないであろう。

浅野順一 「旧約聖書の神観」第24号（1935／2）

イスラエル宗教の根底をなす神観を、主に神の「名」を中心に考察している。イスラエル人固有の神の名はヤーウェであるが、イスラエルが属するセム族一般の神名を考察する。先ず第一に挙げられるのは、エルである。この名の意義を適確に定めるのは困難であることを断り、おおまかに言って力や方向を表すもので、「力強き者」「導く者」「命じる者」と言えるという。浅野は一般にセム人種の神経験として、「彼等の宗教経験は偉大なる力の前に戦慄を感じること」であるという。そしてイスラエル民族の特色としては、この力としての神が父祖の名前と関係づけられていることである。旧約聖書のエルは先祖たちと特別な関係にあり、そこから導かれる結論は、力としての神エルは、イスラエル人にとって、歴史の神であって自然神ではないということである。浅野は当然のことながら、イスラエル人にとっての神が、歴史を統べ治める神であるということを一貫して強調する。

イスラエルの民の神の固有の名は、ヤーウェである（エホバは誤りの発音である）。この名はおそらくhayahあるいはhawahという動詞からきたものであるという。この動詞はいろいろに解釈されるが、「落ちる」との意義があり、「落とす者」「降らす者」との意味で、落雷させる者、雨を降らす者と自然現象に関係させて解釈する者もあるが、この自然現象的解釈を浅野はとらない。この動詞はさらに「在る」という存在的意味がある。しかし哲学的な絶対存在という意味ではなく、アイヒロットにならい、「我は現実にまた真実にあり」とか「我は先にありしごとく今も助けんとしてまた働かんとしてあり」という意味であろうと言う。「ヤーウェは静的な観念的な神に非ずして動的なる啓示的なる神なりしが故に、此の神は思索すべき神に非ずイスラエルが使命的に動くときに最も力強く経験さるゝ神であった」と述べて、森　明を思い、宣教への奨励を込めて語っている。

原田季夫　「クリスマス一感想」第46号（1936／12）

その歩みに激烈なものがあるのをひしひしと感じさせる原田の文章である。

「受洗後13回目のクリスマスを迎え思うのは、罪人の友となり給へるキリストのことである。

そしてダミアンが生涯をらい者の友として捧げたことである。高等学校時代、自らがらいではないかと疑い、深い絶望を味わい、以来らい者の友たろうとの思いを抱いたが、現実はそれに程遠い生活である。「聖なるかな、尊きかな、罪人のために生き、罪人のために死に給へる基督、我等は彼の中に我らの全存在の溶けさらんことを願うものである」。

「恩寵の一里塚」第97号（1941／3）

献身満十年の記念日に思う事を記している。この十年、願に願った一つの祈願があったという。贖い主に対する意志の全き服従ということである。昭和5年大学卒業と共に、柏木の聖書学院に入学予定が摂理に阻まれて、谷底に突き落とされる様な気がしたという。6年周囲の一切の情実に眼を閉ざして、霧雨の止んだ間に、わずかの生活用具をもっていまだ知らぬ附属伝道所に赴き、新たな修養の生活に入ったという。まことにすさまじき決意である。「各自が真に自らの生涯を神に明け渡し、各々が天与の賜物を最も美はしい調和の中に十分に発揮する所にこそ、神の国の面影は写し出され、その到来の早めらるるを思う。」

山田松苗「主イエス・キリストを衣よ」第80号（1939／10）

山田は「主イエス・キリストを衣よ」（ロマ一三14）との、不思議な言葉に思いを傾けている。新しい衣を着るというなら、分かり易いが、キリストを着るとは、表現として耳慣れぬものである。山田はこれを「之は人の手にて造れる衣ではなく、神によって与へられた心の衣である。人の手によるものは如何なる美服の中にも凋落と落胆と破滅の悲涙が秘められている」と解している。山田はパウロがこの言葉を語っている背景にある終末論的な切迫を理解している。

「此時ポーロは主の再臨の日の切迫せることを痛感して心迫って居た。今や暗黒な時代は過ぎ去らうとして居る。神に従う者は眠りより覚めて……主イエス・キリストを衣なければならないと奨めたのである。先には律法の絆を離れてキリストに於ける福音の暁を迎へようとする時に、後には人々が主の再臨を待ち望んで厳粛なる反省と緊張とを覚え、新しき覚悟をなさんとするに際して『汝等主イエス・キリストを衣よ』と言ったのである」。

この聖書の言葉が意味する二つのことを山田は取り出す。「第一は聖霊によって新たに生まれ、神の新しき創造に与る事」であり、「第二はキリストの歩み給ひし如く歩む事」であるという。自己を神の霊に明け渡して、受苦するキリストの足跡に従おうと思い定める山田が、眼前にしていたものが、最後の文章に窺われる。

「主に従ふ者は伝道に善き業に励まねばならぬ秋である。しかも世界は戦雲に閉ざされて、平和の光はかき曇らされ、主の御姿と御声とは遥かに遠い困難な時代にあって、吾々は今一度内に顧みて自らの衣を改めねばならぬ。そして我何を為すべきやを主に尋ね求め、此時代にあって、真の地の塩、隠れたる光とならねばならぬ」。

小塩力「昏晦《こんかい》のうちに動くもの」第103号（1941／9）

小塩は井草教会の創立者として知られる。小塩は、時代の流れの過酷さ、不気味さに直面し、全身でこの暗がりに耐えようとしており、この説教のうちに小塩という人の桁外れの存在を垣間見せられる。この説教で氏は神の二つの側面を語る。一方で「論じ合おうではないかと主は言われる」というイザヤ書一18にあるごとく「神は私共ごとき者と真剣に論争したもうとする。従ってまた人間相互に、真理の為に、まじめに論議を尽くすことを要求したもう」という神の側面であり、もう一つはイザヤ書六三9にあるように、「彼らの苦難を御自身の苦難とし、……愛と憐れみをもって彼らを贖い、昔から常に彼らを負い、彼らを担ってくださった」という、神が親しく現臨するという側面であるという。

「私は極めて単純に、ただ一つの真理を反復したいと願ふのです。神いひ給ふ、汝の悩むとき、我もなやむ、これだけのみことばを自分に聴きたいと思ふのみです」。

太平洋戦争直前の時期である。

「眼をあげて御覧なさい、この世界史的転局に際して、西も東も流血の惨と慟哭のおもひに満ち溢れています。有史以来はじめてともいふべき世界史的な悩みであります。神の怒りは凡る意味での洪水をもって迫るかもしれません。ノアの頃よりも、神の絶望はもっとひどいものでありませう。絶滅と根本的な否定が人間に向けられている……ノアの洪水は、約束の虹をもって究極的に性格づけられたといへます。虹の契約がこれです（創世記九）。恩寵の契約が、忍耐の約束が神の福音の骨格なのであります。」

この後、そうした二面を備えた人として、歌人の伊藤左千夫と植村正久のエピソードを挙げて、教会と祖国の現状に目を向けている。

「私は最後に合同の成った私共の教会の前途と、複雑な国際情勢に面して血路をひらかうとする祖国のために、おもひを傾けざるをえません。合同の祝会（注）を終へて、或る責任の地位にある人がいったさうです。自分は悲哀のラメンタティオの、祝会に座したと。心ある人は誰もさうでしたでせう。然し今は、哀愁と戦慄のうちに神に縋って、願はくは今一度我らをこらえたまへ、み赦しをもって極みなき愛を教会に注がせ給へ、といのり続けざるを得ません。国の運命に対してもまた私共は半ば狂せんばかりに、額を土にすりつけてでも主よ憐れみによって我が国をいだき給へ、導き給へと、誰か祈らずにいられませうか」

と叫び呻いている。私たちはまた違った前途を眼の前にしているが、やはり粛然としてアーメンと言わざるをえない。

（注：1939年、宗教を政府の完全な支配下に置こうとして成立した宗教団体法が41年に施行され

るに及んで、30余のプロテスタント宗派が、信仰告白の合意をえないまま日本基督教団を結成した。外国ミッションから独立した教会合同は、明治以来のプロテスタント・キリスト教徒の宿願であったが、国家の強圧のもとでの合同であり、ラメンタティオ（嘆き）の祝会と表現したのであろう。）

森　有正「イエスと学者達」第113号（1942／7）

森有正の多くの文章からこの説教を私たちは選んだ。森は戦後渡仏して、深い決意の下、そのままフランスにとどまった。ヨーロッパ文明の根源性を改めて知らされ、それを自らのものとするには、その中に生きるしかないと覚悟したのである。その歩みは一見、キリスト教信仰からの離反のように見えるが、晩年の幾つかの説教から知られるように、実に深い求道のたゆまない歩みであった。ここに収録した若き森有正の説教は、氏を根底に於いて支え、駆り立てていたものが何であったかを示唆している。この説教の最初にイエスについて記している言葉にもすでにそれは予感される。「福音書に表れたイエスの生涯を読む時、我々は一種犯し難い尊厳さと品位とを感得するのであるが、そこに我々はイエスの地上的ならぬものを直観せしめられ」る。森はイエスの内に啓示された「真の人間」の犯し難い尊厳のうちに、人間を越えたものを見据え、生涯その聖なる明るみを求めて苦闘したといえよう。この説教の言葉で言えば、「人の魂を真に生かすものとしての愛」と呼んだものである。このことを氏は父森　明の生を通して呼吸し、学んでいたとも言えよう。

沢崎堅造「曠野へ」(1)(2)(3)第135－137号(1944／5―1944／7)

この文章が掲載されたのは1944年5月である。

「私が朝早く独り遠く広野に出るのは、全く人里を離れた静かな処が欲しいからである。静かに祈りひとり聖書に親しみたいからである。然るに声のある処と云ふのはどう云ふ意味であらう。わたしはやがてその意味がわかった。それは神語る処神の声の有る処と云ふ意味である。神の声である」。

沢崎は自らを振り返る。かつて友人の戦死の報に愕然とし、沢崎は中支の旅行に駆り立てられる。しかしそれは単なる旅行ではない。主が今何処を歩み給うか、懸命に主の路を探し求める旅であった。

「私は何か、死ぬほど満足した働き場処を得たいとも感じた。併しさうした思ひは一切かかって主の路を懸命に追ひ往くことであると悟ったのである。それから後は、ただ主の路を尋ね求めることに務めた。イエスは今東亜の一角を歩みつつあり給ふと云ふことは明らかである。イエスの路は、苦しんでいる淋しい人々へと向かふのである。死の蔭の谷を往くのである。多くの人に顧みられない捨てられたやうな処にこそ、主は進み給ふのである」(1076頁)。

沢崎は、主が今東亜の一角を歩み給うのは明らかであるという。この確信はどこから来るのか。主が苦しんでいる淋しい人々に向かって居られることが、沢崎に次第に明らかになってくる。沢崎は、その死の陰の谷を東亜の地に探りあてるのである。

「初め大陸と思ったが、また南洋とも思った。併し南洋は何か物が豊かな感じがする、住民は貧しいとしても、兎に角ものが豊富だと云ふ感じがする。これに対して北の方はどうであるか。まづ寒い。寒いと云ふのは不毛を意味し、多くの物を逆に消耗しなければならない処である。私は躊躇なく、南を捨てて北の方を見ることにした。北と云っても満州を見るより外はないが、その中でも人の心の最も苦悩なる地を求めた」。

沢崎は主イエスの路を歩み従う中で、キリストとの不思議な交わりに入れられる。

「基督は、私自身の上に釘付けられた！　私は私の上に常に基督を負う身となった。基督に打たれた釘は、そのまま先きを私の身の中に打ち込まれた。……このようにして私は、基督と共にあるといふことについて深く心に感じた。基督はいつも私の上にある！　基督は重い、併し何と云ふ光栄であるか、神の子基督を捧ぐる光栄」。

このキリストの十字架と蘇りに与る苦難と喜びの交わりの中で、沢崎は、伝道のさなか静かに息を引き取った愛児、新の墓の傍らに立つ。

新《あらた》の墓にて

中国熱河における祈りと学びによって示されたキリストの十字架と甦りに与る苦難と喜びの交わりを身に帯びて、沢崎堅造は1944（昭和19）年5月2日より21日まで、漢人にして蒙古伝道者の李達古鐸氏とともに巴林と呼ばれる蒙古地帯の伝道を実行した。

下着2枚を持たずに、日本里にして約百里（400㎞）を徒歩で移動する使徒時代を思わせる旅であった。様々の困難と危険の中での伝道旅行の記録は、「巴林伝道記」として纏められ敗戦前に日本に送られていたが、掲載される前に『共助』誌の発行は止まってしまい、戦前版『共助』誌には掲載されずに終わった。しかし、戦後に『共助』誌の再開間もなくに6回に亘って掲載された。（戦後版『共助』37、38、39、41、43、44号）

実は、沢崎がこの伝道旅行を終えて林西の家に帰り着いたとき、愛児「新」の死が彼を待ち受けていた。伝道のさなか、静かに息を引き取った愛児「新」の墓の傍らに立って詠んだ。

「愚かなる父を励ますため
この児は　死を以って
再び帰へることなきよう
我が脚に　釘うてり」

沢崎の信仰の到達点を示す、イエス・キリストに対する愛と献身の詩である。

この詩の原稿は「巴林伝道記」の原稿と共に日本に送られていたが、この詩のみが戦前版『共助』誌に掲載された。

あとがき

井川　満

タブロイド版（新聞型）共助誌は、一九三三年三月に創刊され、一九四四年九月に発行が止まった基督教共助会の月刊機関誌であり、創刊号から数えて一三九号まで続いたものである。タブロイド版共助誌の創刊から休刊までの十年余の期間は、日本の歴史に重ねると一九三二年の五・一五事件から一九四五年八月一五日の太平洋戦争敗戦までの期間にほぼ重なるのである。昭和元年は一九二六年であるが、昭和に入ると金融恐慌に象徴される経済の混乱が顕著になり、この経済混乱も一つの要因となって、中国東北部（当時の呼び方では満洲）における軍部独断の軍事行動などが国民の支持を得て、日本は段々と軍国主義国家の様相を深めて行った。このような時代の流れの中で五・一五事件が起こった。これ以前から既に暗殺事件やクーデタ未遂事件などがあったが、五・一五事件こそは海軍という国家組織に属している将校の一団が、国家組織を束ねる最高責任者である総理大臣を首相官邸に襲い射殺した事件なのである。この事件は戦争を何とか食い止めようとしていた者たちの息の根を止め、日本全体が戦争に向って坂を急激に転がり落ちていく重要な転機であった。

当然のことながら共助誌もこの時代の影響を受けざるを得なかった。刊行に不可欠な印刷という物質的面においても、太平洋戦争が長引きかつ敗色が濃くなるにつれて日本全体の物資不足が顕著となり、印刷用紙配給の問題などに依って印刷が不可能になったのである。そのころの編輯後記を読むと、戦争の影響で共助誌刊行にも種々の困難が降りかかってき、何度かのページ数削減や購読料値上げなどを行わざるを得なくなったことが記されている。一方で諸種の作業が思うに任せず、期日内の発行が難しくなっていたことなども覗《うかが》える。

共助誌刊行を取り囲んだ物質面の困難さもさることながら、この時代を共助会精神に貫かれつつキリスト者として生き抜くにはさらに厳しいものがあった。国粋主義が国民の日常生活の隅々にまで入ってき、キリスト教信仰は当《まさ》にこの国粋主義の嵐に晒《さら》されざるをえなかったのである。この嵐の時代の共助会信仰の歩みを一歩一歩刻み付けた跡がこのタブロイド版共助誌とも言えよう。

このタブロイド版共助誌から、記事を選び出して編んだのがこの冊子である。この刊行は共助会一〇〇周年記念事業の一つとして計画されたのであり、飯島 信委員長はこの冊子の刊行計画において「共助会員にこの冊子を読んでもらうことを第一の目的とする」と定めた。共助会が発足してからさして時間が経たないうちに創刊されたタブロイド版共助誌であるが、所謂《いわゆる》初代共助会員がどのように語り、生きたかをこの冊子より汲み取り、共助会の次なる一〇〇年を考える為の基礎としようとの企てといえる。やや横道にそれる感ではあるが、現在このような企てを実行できるのは、東京神学大学図書館が保存していたタブロイド版共助誌のマイクロフィルムから原寸大のコピーを作り出し、共助会関係の教会や個人が保管できるに至らせた森川静子氏（中渋谷教会員）のご労苦があってこその事であるのをここに記して置きたい。

この冊子編集のための最初の会議では、記事を適当な数だけ選びだして冊子に纏《まと》めることになり、担当を決めて記事を読んだ上で掲載すべき記事を定めようという方針が立てられた。しかし次の編集会議で委員それぞれが読んできた記事を紹介するに至って、第一部として「森 明との出会い」の記事を集め、第二部として共助会員たちの信仰とその信仰に突き動かされて如何様に活動したかを記した記事を集める方針に変更することに委員たちの意見が一致した。そのように編むほうが、共助会の縦糸と横糸と呼ばれる「キリストの他、自由独立」および「主に在る友情」が理解されやすいのではないか、との考えにある。森 明との出会いを通して初代会員たちはどのように生きたのか、そして森 明亡き後共助会の縦糸と横糸が如何様に織り成されていったかを、この冊子を読む方々に是非探り出して頂きたいということである。

共助会は私にとっては不思議な団体である。共助会は一九一九年に創立はしたものの活動休止となり、再発足したのは森 明が会の主旨を定めた一九二二年であった。しかし一九二五年には森は天に召されている。現在に繋がる共助会活動を再発足から数えるならば、僅か三年を経たときに創立者森 明は地上を去ったのである。宗教団体にはその核となる創立者の人格的影響は多大であって、創立者が健在のときは盛んであっても、創立者の死去と共に縮《ちぢ》み消えていくことがしばしばであろうことは想像に難くない。しかるに、創立者が会の創設後僅か三年で去ってしまったこの団体が、その後も生き続け一〇〇周年を迎えたのである。この秘密は何処にあるのだろうか。森 明の葬儀を司式した高倉徳太郎に、森 明の弟子たちは「森先生のことを思うと先生を越えてキリストのことを思わずにはいられない思いに導かれる」と語ったそうである。弟子たちにかく語らせた森 明と弟子たちの交わりを第一部の記事から汲み取って頂きたい。そしてこのあたりに共助会存続の秘密があるように私は思うのである。

第二部では、軍国主義・国粋主義が吹き荒れた時代を共助会員が如何様に生き、信仰を告白して行ったかを汲み取って欲しい。

国粋主義と暴力が嵐のごとく吹き荒れた時代を共助会はキリスト教信仰を失うことなく生き抜いた。とはいえ共助会は負の歴史をも負うこととなった。共助会のこの時代の歩みを纏《まと》めたものに、「基督教共助会九十年」（2012年発行）の第二章「十五年戦争のさ中に」があるが、そこで負の遺産として第一に取り上げられているのは「みくに運動」[註]である。共助会初期の中心的存在であった今泉源吉がこの運動を始めたのである。「みくに運動」を始めとする負の歴史を現在を生きる我々がどう捉《とら》えて信仰を生きるのかが問われている。

今年（2019年）1月にこの冊子刊行計画をめぐる研修会が開かれた。先輩たちの生きた跡に学びつつ現在をどのように生きるべきかを求め、語り合うためであった。そこで問われた一番大きな問題は「みくに運動」であった。「みくに運動」の如き動きが何故共助会から生じたのか、またそのような動きを防ぐことは出来なかったか、また異端であると分かった後は去った者たちにどう接するのが良かったのか、などの問いが出されたが、容易《たやす》く答えの出せる問いではなかった。「みくに運動」は最終的には国粋主義に飲み込まれてしまったが、文化と基督教との関わりという課題は、共助会に課せられているばかりでなく、旧約聖書以来の課題であると言えよう。

第二部として収録した記事は、それらの執筆者自身が嵐の時代をそれぞれに与えられた信仰に従って生き抜いた足跡である。もちろん負の歴史を負っての歩みであった。記事から何を読み取るかは、一人ひとり違うであろうし、さらに個人それぞれにおいても信仰経験を重ねるに連れてこれらの記事から読み取る事柄も変化するであろう。これらの記事、すなわち日本の歴史の中でも際立って困難であったのみならず、加えて皇国史観が日本を包み込んでいた時代を、キリスト者として行き抜いた先達たちの歩みの跡そのものが、我々がこの現代をどのように生きようとしているかを問いかけてくるであろう。

現代はタブロイド版共助誌が発行されていた時代よりも遥かに複雑になった。国粋主義的な動きも勢いを増してきている感がするし、我々は既に地球規模の経済構造の中に組み込まれていて、素朴な善意ともいうものすら、知らないうちに地球の裏側に住む人々を苦しめる業となりかねない複雑さの中に我々は生きている。日本においては国粋主義は勢力を増しつつあるが、それよりもキリスト教を脅かすのは世界を覆いつくそうとしている物質主義の流れかもしれない。あるいは私などは未だ気付きもしていないものが我々の存在を脅かそうとし始めている可能性がある。我々が生を許されている場所と時代の中にあって如何に生きるかが問われている。まさにこの問いに絶えず晒《さら》されながら自分に与えられた道を祈り尋ねながら日々信仰を励まねばならないであろう。

この冊子に収録された記事は、この時代をキリストの道を踏み誤らずに歩み通す示唆を与えてくれるものと信ずる。これらの記事を熟読して共助会のこれからを祈り求めていかねばならない。

註　みくに運動

軍部が徐々に支配力を伸ばしていくに伴って皇国史観が日本を覆うようになった。このような動きの中に出現した日本的キリスト教の一つが「みくに運動」である。「みくに運動」をになった人たちの当初の願いは何処にあったかは別にして、この運動の行き着いた宗教思想は皇国史観にすっぽりと飲み込まれたものであった。

この運動の中心となったのは今泉源吉である。今泉は一八九一年生まれ、東京大学法学部を卒業し判事となった。大学生のときから森 明と交わりを持ち、帝国大学基督教共助会の設立にも関わった。森 明の死に面して中渋谷教会の要請を受けて主担者となる。後に宗教政策に関わる学びをするために中渋谷教会主担者を辞す。この間今泉は信教の自由を守るために、帝国議会に二度にわたって提出された宗教法案を廃案にする運動で大きな力を発揮した。

一九三五年に雑誌「みくに」を創刊した。そこには、十字架の上から射し来る霊光に照らされてこそ、日本が直面している困難を克服し、世界に日本国民の真価を示すことができると言った思いが述べられている。「みくに」誌は九年続いたが、時間の経過とともに彼らの思想は天皇信仰へと変化し、まったく皇国史観に飲み込まれたといわざるを得ない状態に至った。

敗戦後すぐに今泉は自分の誤りを認め、かつて激しく攻撃した賀川豊彦に詫びを述べている。

年	代	共助会史事項　及び『共助』執筆者初登場号掲載（通巻号及び太線囲み表示）
一八八八	明治二一	五月十二日　森明誕生。
一八八九	二二	
一九〇四	三七	十月二十三日　森明受洗（市ヶ谷日本基督教会）。
一九一四	大正　三	六月　森明、植村正久に従い上海伝道。 十二月二十四日　日本基督教中渋谷講話所開設。
一九一五	四	三月十日『苦痛の秘義』訳出、出版（上田操協力）。 十一月十四日　中渋谷日本基督伝道教会へ発展。
一九一六	五	九月二十九日「教友会」（伝道講習会前身）発会（中渋谷教会）。 九月　山本・今泉、七高より東大に入学、参着。 十月十日　糺森《ただすのもり》の相模屋の会（糺会の出発）。
一九一七	六	二月　本間（駒場、東大）参着。　八月　山田（女高師）参着。 九月二十九日　中渋谷日本基督教会設立。
一九一八	七	春　森明大患危篤、夏回復。 この頃、駒場に「隣友会」、本郷に「森先生の会」、女子高師に「お茶の水の会」、また日本女子大の会行わる。 十二月　降誕説礼拝決議宣言（中渋谷教会）。
一九一九	八	七月「伝道講習会」発会式（中渋谷教会）。 十二月　クリスマス祝会をもって「共助会」発会（青年同盟会館）。
一九二〇	九	共助会休止状態（森明大患、山本・今泉病気静養）。
一九二一	一〇	秋　森明、小川隆を伴い大阪の日本基督教大会に出席、その途次、京大青年会、八高青年会を訪問

一九二一	一〇	伝道（横山、石井、上遠と知る）。 十二月　森 明『宗教に関する科学及哲学』出版。
一九二二	一一	四月　森 明「霊魂の曲」を発表（『雲の柱』収載）。 春　共助会再発足（主旨、規約制定。幹事、山本・今泉・金谷・上遠・石井）。 春　森 明と吉野作造会談共鳴。吉野、顧問となる。 春　本間 誠、高田講話所開設。 七月二十八、九日　東山荘に夏期特別集会を開く。 秋　賀川豊彦を招聘し、東大学内講演会。
一九二三	一二	四月　奥田、京大入学、京都参着。 五月上旬　東大学内講演「キリスト教の真理性」森 明。 五月中旬　森・山本、水戸高訪問。「学問と宗教」森 明。 七月　東山荘の日本基督教会信徒修養会に森 明、ロマ書講演、京大生岩淵聴講。 七月二十九、三十日　東山荘に夏期特別集会、「学徒パウロの信仰」森 明。雑誌発行希望。九大の増田入会。 九月一日　関東大震災。森 明の活動と病気。 十一月四、五日　森 明 病中の京大伝道（山本・千矢参加）。 十二月　早大信友会発会式（本間宅）。
一九二四	一三	六月十四日　京都共助会支部発会式。 七月〜八月　森 明「涛声に和して」を福音新報に連載。 七月二十三日　森 明の転地先大磯で「協愛会」発会準備。 七月二十八日　東京・京都連合共助会、大磯で贖罪論を聴講。同時に学生大連合礼拝の提案をうける。 七月二十八〜三十日　東山荘夏期集会。信友会とともに学生大連合礼拝挙行を決定（委員長・小田垣）。九月二十日　協愛会発会式（中渋谷教会）。

一九二四	一三	九月二十一日　中渋谷教会で「時局に関する吾人の見解及態度の表明決議」を行う。 九月　早大学内講演「人格主義の意義を論じてそのキリスト教的意義に及ぶ」森　明。 十月中旬　山本・神崎の水戸・仙台訪問伝道。 十月二十一日　協愛会「女子協愛会」と改称。 十月二十五日　女子協愛会講演会「聖なる生命への飛躍」森　明。 森　明　大患。十一月三日の京都伝道計画中止となる。
一九二五	一四	三月六日　森　明　逝去（今泉源吉、中渋谷教会の牧会主担者となる）。 六月六日　第一回東京市内学生大連合礼拝（説教、内村・高倉）。 八月三十一日　学生大連合礼拝説教パンフレット刊行。
一九二六	一五	一月二日　女子協愛会講演会（佐藤繁彦）。 四月二十五日『共助』（不定期）森　明氏記念号発行（十月再刊）。 五月十五日　第二回大連合礼拝（慶応有志参加）（説教、高倉）。 十月十日　第二回連合礼拝説教パンフレット刊行。 十一月二十三日　女子協愛会講演会（斎藤　勇）。 十二月十八日　九大共助会発会式（少しおくれて本部、脇坂方）。
一九二七	昭和　二	二月　協愛寮開設。 五月十四日　第三回大連合礼拝（説教・高倉）。 七月十九～二十三日　第一回夏期信仰修養会（軽井沢）。 「基督教要綱」五講（高倉）、「スマートの宗教詩」（斎藤）、共助会集会。 十月一日『共助』第二号発刊。
一九二八	三	二月『共助会報』第一号発行。 五月二十日「東京市内外学生大連合礼拝に関する宣言」発行。

一九二八	三	六月二十三日　「協同学生伝道」挙行（説教、高倉）。 七月二十六〜二十九日　夏期信仰修養会（講演、山本・加藤・清水。慶応共助会発会準備）。 九月二十九日　「慶応義塾学生基督教共助会」発会式。 十月二十八日　『共助』第三号発刊。
一九二九	四	四月八日　佐伯倹、新潟教会赴任（正教師）。 五月十二日　本間誠、目白日本基督教会建設（正教師）。 五月　信友会改称「早大学生基督教共助会」となる。 五月二十五日　共助会創立十周年記念会（ＹＷ会館）。同日『共助会報』第二号発行。 八月二十一〜二十五日　夏期信仰修養会（講演、浅野・加藤・清水・高倉）。 十月二十七日　山本茂男、中渋谷教会主担者となる。
一九三〇	五	五月十五日　『共助』第四号発刊。 八月二十〜二十三日　夏期信仰修養会（講演、聖書研究すべて内部。総会を開き十周年記念事業決議）。 秋　『共助会報』第三号発行。 十一月　十周年記念事業三項目（出版・伝道・寮）発表、募金開始。
一九三一	六	昭和六年〜八年　十周年記念事業実施。 三月六日　京都女子共助会発会式。 四月　共助寮開設（小木協力、七年七月まで）。 八月二十四〜二十七日　夏期信仰修養会。 六月五日　『共助会報』第四号発行。
一九三二	七	一月　『共助会報』第五号発行（『共助』月刊予告）。 四月　原田季夫、代々木初台教会補教師就任。 五月　協愛寮新築移転（杉並区東田町）。

一九三二	七	八月二十三～二十六日　夏期信仰修養会。 九月　共助寮再開設（金井協力、八年三月まで）。 十月　『共助会報』第六号発行（友朋団体合同一時中止声明）。 十二月二十七日　聯合聖誕節礼拝（YW会館）、爾後年々開催。 十二月三十一日　『森 明選集』発刊（五〇八頁）。
一九三三	八	三月　月刊雑誌『共助』（新聞型）発行開始――昭一九年九月号（第百三十九号）まで続刊。 七月　浅野順一、青山北町伝道所開設（美竹教会）。 八月二十三～二十五日　夏期信仰修養会。
共助通巻	創刊号	山本茂男：発刊の辞に代へて／森 明：新約聖書に於ける耶蘇と其の弟子（一）／高倉徳太郎：「涛声に和して」を読む／石原 謙：森 明氏の選集を手にして／奥田成孝：血みどろなる十字架／齋藤成一：魂に迫る人／今泉源吉：先生最終の一年
	2号	草間修二：現実と理想／清水二郎：祈の世界と現実の世界／本間 誠：ある主に在る友に／松隈敬三：伝道報告（八高）
	3号	鈴木淳平：基督と共に苦しむ生活／堀 信一：敬虔なる詩人ジョージ・ハーバート／加藤七郎：神の人、民の人／浅野順一：書斎の先生
	4号	田中一三：吉利支丹の渡来／緒方 正：通信欄 満洲より／川添丘木：十字架の蔭より／上遠 章：台湾雑感
	5号	松村克己：悪の問題とアウグスチーヌスの思想一班／池田千壽：伝道記事 九州伝道の記
	6号	齋藤 進：神の義（一）／和田 正：魂の淋しさ／澤崎堅造：職業婦人の宗教心
	8号	公江哲二：修養会に就いての一感想
	10号	今川正彦：一つの感想として／岡田貫一：伝道記事（山形高校）
一九三四	九	四月三日　高倉徳太郎逝去。福田正俊、信濃町教会牧師となる。 六月十四日　京都共助会創立十周年記念会（『共助』第十六号に京都共助会十年の使命と友情の記

		事を載せる）。 八月十四～十七日　夏期信仰修養会（総会を開き十周年記念事業終了を承認、翌年森召天満十年を記念して大連合礼拝を計画）。 十月　『共助』第二十号に十周年記念運動報告を発表。
	11号	羽田智夫：回顧と希望
	12号	筒井 仁：ルターに於ける宗派思想に就いて
	14号	石井重雄：復活節の今昔
	17号	橘 芳實：十字架を仰ぐ／桑田秀延：プロテスタントの文化観／脇坂順一：九州帝大及び福岡高校伝道
	18号	福田正俊：神と人間の意志／岩越元一郎：基督者としての一教育者の感想
	19号	櫛田 孝：我等の伝道の招来の為に
	21号	神部信夫：長崎だより
	22号	山田松苗：人生の帰趣／伊藤 満壽一：二つの高校訪問　山形
一九三五	一〇	三月　『共助』第二十五号、森 明先生召天満十年記念特集発行。 三月十七日　大連合礼拝延期決定（委員会）。 四月二十一日　京都北白川伝道教会建設。 七月二十五～二十七日　夏期信仰修養会（箱根仙石原）。
	24号	原田 昴：聖誕節連合礼拝記事
	25号	樋田豊治：追憶／高木一雄：伝道記事 姫路／飯野五郎：伝道記事 山口
	30号	正木次夫：京都共助会春季伝道講演会記事
一九三六	一一	五月七日　女子協愛会改称、「女子共助会」となる（顧問、山本茂男）。 八月十一～十四日　夏期信仰修養会。 晩秋　山本茂男病気のため平塚に転地（十三年まで）

一九三六

36号　村上勝利：伝道の祈り
附録　奥田恒子：京都女子共助会記事／吉川 需：共助会の訪問伝道と磐上会（山形高）／天野 孝：九州・山口
38号　伊東彊自／感想　誘惑
41号　満江 巌：クロンウエルの信仰と政治思想（一）
42号　竹内敏夫／宗教と法律
44号　秀村欣二：基督教世界主義の史的考察（一）
45号　西田真輔：生きる力
46号　原田季夫：クリスマス一感想

一九三七　一二

八月十～十三日　夏期信仰修養会（軽井沢へもどる）。
47号　福與正治：ピューリタニズム（一）
51号　田中平次郎：卒業に臨みて
55号　谷口茂榮・関屋光彦・古屋野 哲二：夏期信仰修養会に出席して

一九三八　一三

五月『共助』六月号から編集部を京都に移す。
八月九～十二日　夏期信仰修養会。
晩秋　山本茂男療養より復帰、正教師となる。
十二月二十七日　クリスマス連合礼拝（例年五団体連合で行うもの）。翌年の共助会二十周年記念
発表。また従軍者のため祈る。従軍者（由井・井上修・秀村欣二・高木・飯野・高山・岡本・
村・天野）
63号
64号
5
感―クリスマスに当りて―
生生活の反省と基督教のメッセージ
紹介『日本切支丹宗門史』上巻

		信雄：随想三篇
		森 有正：面影
	号	藤本陽一：追憶二篇　筒井仁兄の追想
	67号	小塩 力：断片三つ――たよりにかへて――
	68号	大島 功：学生論――夏期信仰修養会よりの感想――
一九三九	一四	五月二十九日　共助会二十周年記念講演会及記念会（東大）、講演者、石原 謙・清水。
		五月三十日『森 明小選集』（共助叢書第一巻）刊行。
		八月七～十日　夏期信仰修養会。
		十二月『共助』第八十二号を二十周年記念特集号として刊行。
	71号	堀合道三：各地の高校に友を訪ねて（二）山形・仙台
	82号	手塚儀一郎：記念号に寄す／岩淵 止：森先生の印象／宮崎貞子：追懐と感想
		粟飯原 梧楼：森先生・共助会・石井重雄君／橋本敬祐：感想断片
一九四〇	一五	六月十五日　京都に森 明召天十五年記念講演会を開催。「森 明先生の生涯とその信仰思想の核心」山本、「森 明先生と日本の神学」松村。
		八月五～八日　夏期信仰修養会（山中湖ＹＭキャンプにて）。
		九月二十五日「森 明と日本の神学」松村（共助叢書第二巻）刊行。
	83号	横山梅子：森先生に導かれて
	85号	天野 孝：唯真実を！
	88号	小田 丙午郎：罪と赦
	94号	北森嘉蔵：キリスト中心的？

一九四一	一六	七月　夏期信仰修養会中止（戦時下交通、宿舎の困難から）。
		十二月二十五日　『神の存在』石井（共助叢書第三巻）刊行（続刊予定）。
		十二月二十六日　クリスマス連合礼拝（例年の五団体集会、戦時下これが最終となる）。説教「望の保証」奥田（美竹にて）。
	96号	加藤恭亮：皇国二千六百年の回顧と展望
	98号	齋藤 勇：「さかえの主イエスの十字架をあふげば」（ヲッツ作　讃美歌129）
	99号	呉 振坤：エレミヤ（一）
	101号	藤井敏一：随感
	102号	吉川　需：東大共助会　伝道講演会報告
	103号	山谷省吾：松木 治三郎『使徒パウロとその神学』
	105号	松木 治三郎：使徒パウロに於ける「ケリュグマ」其他／小倉正大：蒙古の旅
	106号	東海林 虔二：山形高校訪問記
一九四二	一七	五月七日　澤崎堅造、大陸伝道を志し、熱河の福井へ出発。
		八月二十四、五日　夏期信仰修養会（東京、憩いの家にて）。
		この頃の従軍者（小倉・橋本敬祐・薄・水津・藤井・藤田等）。在外者（今川・松隈・澤崎家族）。
	108号	佐野嘉信：松本高校訪問記
	109号	古澤三郎：我ら当面の責務（信仰報国の方途を思う）
	117号	中村 明：「共助」九月号を拝読して
一九四三	一八	一月　紙不足のため『共助』減頁（新聞型六頁）。
		春　東大学内聖書講演会、講演者、斎藤勇。
		五月　澤崎家族赤峰に至り、更に蒙古奥地を志す。

		七月二十六～二十八日　夏期信仰修養会（東京、憩いの家にて）。森 明先生贖罪論講演二十周年記念として山本・手塚儀一郎・浅野・小塩の贖罪論関係の講演あり。 十一月二日　森 寛子（森 明母堂）逝去。
	126号 128号 130号	今井正彦：中国学生の生活傾向に就て 福富春雄：白音漢村伝道記 小泉松枝：鎌倉時代の森御母堂の思ひ出
一九四四	一九	三月五日　森 明先生召天二十年記念連合礼拝（中渋谷・目白・美竹・大崎・北白川の各教会と共助会五団体の共催）、及記念会（中渋谷教会にて。説教、浅野）。 五月十四日　森 明先生記念講演会（美竹教会、宇田川にて）。講演者、奥田・佐伯・山本。 六月『共助』更に減頁（四頁）。 九月『共助』第百三十九号発行。この後ついに刊行中止となる。
一九四四		九月『共助』第百三十九号発行。この後ついに刊行中止となる。
	138号	佐伯　倹：正統信仰の父アタナシウスとその救拯論の特色
一九四五		戦時下特別集会も出版も不自由となり、友の通信と祈あるのみ。 五月　和田夫妻満洲伝道に献身、赤峰着（和田直ちに現地応召）。 八月三日　澤崎夫人、大板上引揚げ。八月十二日、澤崎・和田両夫人赤峰出発引揚げ（幼児帯同）。 十二月三十日　小倉正大シベリアに戦病死（井出辰二、藤田武信も同様と伝えらる）。

[執筆者の略歴]（50音順）

浅野順一（あさの・じゅんいち）

1899（明治32）年12月12日　福岡県大牟田に、浅野長七・はなの長男として生まれる。母が所属する富士見町教会の教会学校で植村正久牧師に導かれる。

1912（大正元）年四月　　大磯高等小学校を経て、東京府立第一中学校（現・日比谷高校）に入学。

1915（大正4）年12月　中渋谷教会にて森明牧師より受洗。

1917（大正6）年4月　東京高等商業学校（現・一橋大学）に入学。

1921（大正10）年3月　同上卒業。三井物産に就職。

1923（大正12）年9月　関東大震災で父君死去。

1924（大正13）年　京都帝国大学哲学科選科に入学許可。家の事情で一年延期。

4月　東京神学社（現・東京神学大学）に入学聴講。

4月20日　高倉徳太郎牧師の司式で内垣泰子と結婚。

1926（昭和元）年4月　スコットランド・エジンバラ大学ニューカレッジで学ぶため出発。A. C. Welchに師事。二年後にベルリン大学に転ず。

1929（昭和4）年4月　シベリア経由で帰国し、東京神学社講師。

1931（昭和6）年　青山北町で教会学校により伝道開始。美竹教会の発足。

1931（昭和6）年10月　『豫言者の研究』（長崎書店）出版。

1936（昭和11）年2月　『旧約聖書』（大思想文庫、岩波書店）出版。

1944（昭和19）年10月7日　応召。

1945（昭和20）年5月23日　美竹教会（宇田川町）、同25日浅野宅戦災消失。

1946（昭和21）年9月　日本聖書神学校教授に就任。

1947（昭和22）年4月　日本神学専門学校講師に就任。

1949（昭和24）年4月　青山学院大学文学部キリスト教学科教授に1968年3月まで就任。

1955（昭和30）年9月　『イスラエル豫言者の神学』（創文社）出版。

12月　京都大学より文学博士号を授与さる。

1956（昭和31）年1月　　泉会（身障者授産施設）創立　初代理事長。

1960（昭和35）年　　日米安保条約反対運動に参加。

1961（昭和 36）年 12 月　美竹教会主任牧師を辞任、砧教会の牧師となる。

1962（昭和 37）年 2 月 『ヨブ記の研究』（創文社）出版。

1965（昭和 40）年頃から　積極的にベトナム戦争に反対。

1970（昭和 45）年 3 月　新泉教会の発足と共に兼任。

1973（昭和 48）年 3 月　青山学院大学神学科募集停止。

1977（昭和 52）年 3 月　同神学科廃科。
12 月 『モーセ』（岩波新書）出版。
1979（昭和 54）年 9 月 『旧約聖書を語る』（ＮＨＫ出版）出版。

1981（昭和 56）年 6 月 10 日　召天。享年 81 歳。

石原　謙（いしはら・けん）
1882（明治 15）年、東京に生まれる。キリスト教歴史学者。1907 年、東京帝国大学哲学科卒業、大学院に進む。古代キリスト教に関する卒業論文が波多野精一に注目され、富士見町教会でその指導を受ける。1921-1923 ヨーロッパに留学。東大、東北帝国大学を経て、1940 年東京女子大学学長に招かれる。1952 年、70 歳で青山学院大学キリスト教学科教授に就任、特に西洋キリスト教史研究に多大な業績をあげた。
註：『キリスト教人名辞典』（日本基督教団出版局、1986）による。

奥田成孝（おくだ・しげたか）

1902（明治 35）年 6 月 15 日　東京都麹町区（現千代田区）元園町に生まれる。父 義人、母 やゑ。兄、姉 4 人、弟の 7 人兄弟。初等科より高等科まで学習院に学ぶ。秩父宮の学友。高等科在学中に中渋谷教会に導かれ、森明に出会う。

この頃、内村鑑三の「丸の内講演」に列席す。

1923（大正 12）年 4 月 1 日　中渋谷教会にて、森 明より受洗。

同年、京都帝国大学法学部入学。

1924（大正 13）年 6 月 15 日　京都共助会創立に参画。

この頃、司法試験受験を取り止め、共助会のため京都に残る決意を固める。

1926（大正 15）年 3 月　京都帝国大学法学部を卒業。
6 月 東京神学社に聴講生として入学。
1927（昭和 2）年暮　京都に戻る。

1930（昭和 5）年　この頃より、共助会精神を根幹とした教会創立のための準備に入る。この間、数年、京都府立第一高女、京都師範、京一商で教鞭をとる。

1933（昭和 8）年 4 月 1 日　福田恒子と結婚。

1935（昭和 10）年 4 月 21 日　日本基督教会北白川伝道所（北白川教会の前身）発足。主任者として責任を担う。

1936（昭和 11）年 10 月 17 日　長男 義孝誕生。

1981（昭和 56）年 4 月　北白川教会牧師を辞し、後事を小笠原亮一に託す。

1985（昭和 60）年 8 月　妻 恒子の健康悪化により、京都を離れて横浜に移り、長男義孝一家（愛子、孝明、祐子）との生活に入る。

1989（平成元）年 4 月　妻 恒子召天。

1995（平成 7）年 6 月 2 日　急性肺炎のため召天。享年九十二歳。

小塩　力（おしお・つとむ）

1903（明治 36）年 3 月 16 日　群馬県藤岡にて小塩高恒《たかひさ》・うたの長男として生まれる。

1919（大正 8）年　府立四中四年修了。松本高校入学。

1922（大正 11）年　12 月、植村正久牧師より受洗。

1926（大正 15）年　東大農学部卒業。東京神学社で勉学続行。高倉徳太郎に師事。基督教共助会に入会。

1928（昭和 3）年　東京神学社修了。松江教会赴任。

1929（昭和 4）年　加藤れいと結婚。

1930（昭和 5）年　佐世保教会に赴任。翌年長男節誕生。

1933（昭和 8）年　長女 あつみ誕生。

1937（昭和 12）年　『希望《のぞみ》の清晨《あした》』出版。

1939（昭和 14）年　佐世保教会を辞して上京。日本神学校、恵泉女学園、青山学院神学部講師。

1942（昭和 17）年　井草家庭聖書研究会設立。

1947（昭和 22）年　日本基督教団井草教会設立。牧師。『福音と時代』誌主筆。東京神学大学、津田塾大学、農村伝道神学校講師。

1948（昭和 23）年　『代祷』『時の徴』（説教集、福田正俊と共著）出版。翌年『新約聖書神学辞典』編集。

1950（昭和 25）年　日本聖書学研究所設立。所長。

1954（昭和 29）年　『高倉徳太郎伝』出版。

1955（昭和 30）年　『聖書入門』（岩波新書）出版。

1958（昭和 33）年　6 月 12 日朝、喘息発作で急逝。55 歳。没後出版、

『コロサイ書』（注解、1958、教文館）、『キリスト讃歌』（1959、新教出版社）。没後編集、『小塩力説教集』全三巻（1977）、『小塩力神学論集（1978）、〈いずれも新教出版社〉。

沢崎堅造（さわざき・けんぞう）

1907（明治 40）年　東京市向島に生まれる。小学 6 年のとき福井在住でクリスチャンの伯母小木正子の一家に引き取られる。福井中学に入学。伯父の逝去後、伯母と共に東京に移り、開成中学に編入学。

1925（大正 14）年　東京外国語学校（現・東京外国語大学）の英語部貿易学科に入学。

1926（大正 15）年秋　外人教師に導かれ受洗。

1927（昭和 2）年　東京外国語大学卒業と同時に京都大学経済学部に入学。京都共助会の交わりに入る。

1930（昭和 5）年　京都大学卒業、東京市統計局に勤める。

1934（昭和 9）年　京大経済学部大学院に入学。ルター、カルヴァン、トマス・アクィナス、アウグスチヌスの信仰、経済思想、政治思想などを研究。同志社神学部の聴講を続け、後に神学部の経済原論の講義を担当。

経済学部副手、助手を経て京大人文科学研究所研究員になる。この間，京都共助会のために働く。

1935（昭和 10）年　日本基督教会北白川伝道所設立に参画。

1937（昭和 12）年　今西良子と結婚。

1940（昭和 15）年　京大の支那《［ママ］》慣行旅行に派遣される。このとき、熱河省承徳の福井二郎を訪ね、山の祈りに魅せられる。

1942（昭和 17）年　大陸伝道の志をもって熱河省承徳の福井二郎の許に行く。後に蒙古伝道の志をもって赤峰、林西、大板上へと進む。

1945（昭和 20）年　敗戦とともに殉教。

高倉徳太郎（たかくら・とくたろう）

1885(明治 18)年　京都に生まれる。旧日本基督教会牧師、神学者。1906 年、東京帝国大学に入学したその年、富士見町教会にて植村正久より受洗。翌年、東大在籍のまま東京神学社入学、1910 年卒業。東大退学後、北辰教会（現・札幌北一条教会）、鎌倉教会（現・鎌倉雪の下教会）を経て英国に留学（1921-1924）。帰国後の 1925 年、東京神学社神学校校長。同年戸山教会(現・信濃町教会)設立。1934 年逝去。「福音的キリスト教」を提唱し、森明召天後の共助会活動に積極的に協力、先達らに深い影響を及ぼした。
註：主に『キリスト教人名辞典』（日本基督教団出版局、1986）による。

原田季夫（はらだ・すえお）

1908（明治41）年2月20日　原田亀・文尾の五男として出生。

1924（大正13）年4月　浦和高等学校文科乙類に入学。このとき湯浅十郎牧師から受洗。在学中に共助会の清水二郎等が訪問。

1927（昭和2）年3月　東京帝大経済学部入学、同5年3月卒業。

1934（昭和）9年4月　早苗夫人と結婚。

1941（昭和16）年4月　東京聖書学校講師に就任。

同年11月　代々木初台基督教会教師に就任。

1942（昭和17）年4月　青山学院神学部研究科入学、翌年3月修了。

1943（昭和18）年10月　東大倫理学科入学、戦時中2年間軍務。

1946（昭和21）年9月　同学科中途退学。同時に代々木初台教会と調布教会の合併に伴い日本基督教団調布教会牧師就任。

1950（昭和25）年5月　牧会伝道の傍ら、東京聖書学校教授就任。

1958（昭和33）年3月　調布教会牧師、東京聖書学校教授を辞任、直ちに長島愛生園の対岸、虫明に居を構え、同園伝道に献身。

1958（昭和33）年12月　曙教会（長島愛生園）牧師に献身。

1960（昭和35）年10月　『文化と福音』上梓。

1961（昭和36）年4月　長島聖書学舎を開設し、校長に就任。

1962（昭和37）年　住居を日本基督教団虫明伝道所として発足。

1966（昭和41）年11月18日　岡山病院で開腹手術、腺癌と判明。

1967（昭和42）年1月4日　午後4時35分召天。

本間　誠（ほんま・まこと）

1891（明治24）年2月24日　青森県に生まれる。

1912（明治45）年　東京帝国大学農学部に入学。

（間もなく胸部疾患のため休学。約3年間の療養生活。）

1914（大正3）年　日本基督伊東教会において南廉平牧師より受洗。

1916（大正5）年　中渋谷日本基督伝道教会に転会。森明の指導を受ける。

1918（大正7）年　本間誠を中心に東大駒場に「隣友会」が行われる。

東京帝国大学農学部を卒業。

1919（大正8）年　学生基督教共助会発会。規約制定は1922（大正11）年春。

1921（大正 10）年　日本基督教会東京中会にて教師試補の准允を受ける。森明の司式で木岡利と結婚。

1922（大正 11）年　日本基督教会目白講和所を開設。

1923（大正 12）年　礼拝開始。早稲田大学教授となる。

1925（大正 14）年　森明召天。

1929（昭和 4）年　東京神学社卒業。日本基督教会東京中会にて目白伝道教会認可。日本基督教会目白伝道教会建設。

1931（昭和 6）年　日本基督教会東京中会にて教師任職の按手礼を受ける。

1934（昭和 9）年　日本神学校にて自然科学を教え始める。

1942（昭和 17）年　名称が日本基督教団目白町教会となる。

1953（昭和 28）年　牧会専念のため、早稲田大学教授を辞職。

1954（昭和 29）年　東京神学大学教授及び自然科学部門主任となる。

1959（昭和 34）年 8 月 2 日　召天。

森　有正（もり・ありまさ）

1911（明治 44）年　東京に、森明・保子の長男として生まれる。生後間もなく植村正久から幼児洗礼。暁星中学、東京高校に通う。

1938（昭和 13）年　東京大学仏文科卒業。学士論文は「ブレーズ・パスカル研究」。同科の副手、ついで助手となる。

1943（昭和 18）年　『パスカルの方法』を著す。

1948（昭和 23）年　東京大学文学部仏文科助教授となる。『デカルトの人間像』を著す。

1950（昭和 25）年　戦後初のフランス政府給費留学性として渡仏。『ドストエフスキー覚書』を著す。

1953（昭和 28）年　東京大学を辞し、パリに定住。

1955（昭和 30）年　国立東洋語学校で、日本語、日本文学を教える。後にパリ大学東洋学部教授。

1957（昭和 32）年　『バビロンの流れのほとりにて』を著す。

1963（昭和 38）年　『城門のかたわらにて―パリの手記』を著す。

1967（昭和 42）年　『遥かなるノートルダム』を著す。

1970（昭和 45）年　『経験と思想』を岩波書店の雑誌「思想」に 3 回に分けて連載。

1976（昭和 51）年　パリで没。64 歳。

山田松苗（やまだ・まつなえ）

1895（明治28）年　官吏の父忠人、母ステの次女として、金沢に生まれる。父の仕事の関係で鳥取の女学校を経て、東京女子高等師範学校卒業。森明に親しく接し、1919年の共助会創立期より活動に加わる。所属した「キリスト教女子協愛会」では、私財を注いで「女子協愛寮」を築く。一方、女子学習院助教授、和洋女子専門学校、堀越女学校講師を勤める。

1924（大正13）年　東京神学社を卒業。

1925（大正14）年　日本基督教団補教師。

1939（昭和14）年—1968（昭和43）年　恵泉女学園にて理科・聖書科教員。

1967（昭和42）年　隠退教師となる。

1980（昭和55）年5月22日　心不全のため召天。享年八五歳。

その生涯は、終生、神に愛され、中渋谷教会と基督教共助会に捧げられた。

山本茂男（やまもと・しげお）

1892（明治25）年　福岡に生れる。

1913（大正2）年　第七高等学校入学。在学中、鹿児島日本基督教会で上与二郎牧師より受洗。

1916（大正5）年　東京帝国大学法学部政治学科入学。中渋谷教会に森明を訪ね、教会生活が始まる。

1917（大正6）—1918（大正7）年、闘病生活
1919（大正8）年　基督教共助会創立。但し、森明の大患のため活動は休止状態。

1921（大正10）年　軽井沢での日本基督教会信徒修養会で森明の信仰精神に感銘を受け、その秋、伝道の志を告白。

1923（大正12）年　日本基督教会東京中会で教師試補の試験に合格。

1924（大正13）年　五嶋義子と結婚。

1925（大正14）年　森明永眠。共助会委員長となる。

1929（昭和4）年　中渋谷教会牧師に就任。

1939（昭和14）年　妻義子永眠。

1942（昭和17）年　櫛田孝と再婚。

1964（昭和39）年　共助会委員長辞任。奥田成孝が新委員長に就任。

1968（昭和43）年　中渋谷教会牧師を辞任。

1970（昭和45）年　永眠。

選者略歴、〔　　〕内は担当した先達

飯島　信〔浅野順一・福田正俊・山田松苗・山本茂男〕

1948 年 5 月東京に生まれる。1962 年クリスマス、日本バプテスト連盟品川バプテスト教会にて受洗。1971 年、基督教共助会夏期信仰修養会に参加、奥田成孝と出会う。1975 年、京都共助会創立 50 周年を記念する夏期信仰修養会で入会。紹介者は奥田成孝・小笠原亮一・安積力也。国際基督教大学大学院教育学研究科修士課程修了。31 年間の東京都公立中学校教員（社会科・特別支援学級）を経て、現在日本基督教団 立川教会牧師。

井川　満〔奥田成孝・沢崎堅造〕

1942 年 10 月愛媛県に生まれる。1961 年京都大学理学部入学。1962 年たまたま京大共助会講演会を聞く。京大共助会聖書研究会に参加。1963 年クリスマスに日本基督教団北白川教会で受洗。同年共助会入会。紹介者は奥田成孝・川田 殖。佐久学舎に参加。1967 年より大阪大学、次いで京都大学で数学の教育・研究に携わり、2006 年定年退職。

片柳榮一〔小塩 力・原田季夫・本間 誠・森 有正〕

1944 年 7 月栃木県に生まれる。1959 年クリスマス、日本基督教団足利東教会にて受洗。足利東教会の長老西田真輔氏より基督教共助会について知らされる。1963 年、北白川教会（奥田成孝牧師）に転会。1972 年、基督教共助会に入会。紹介者は奥田成孝・小笠原亮一・井川満。1972 年京都大学大学院文学研究科（基督教学）単位取得退学。関西学院大学、神戸大学、京都大学、聖学院大学に勤務。

恐れるな、小さき群れよ——基督教共助会の先達たちと森 明

「基督教共助会 100 周年記念」 戦前版『共助』誌選集

2019 年 12 月 25 日　初版発行

編　者　飯島 信、井川 滿、片柳榮一

発行人　基督教共助会

発行所　基督教共助会出版部

代表者　飯島　信

連絡先　〒 201 - 0012 東京都狛江市中和泉 5 - 23 - 18　石川光顕
電話 03（3488）3099
e-mail：ishikawamitsuaki@gmail.com

発売所　株式会社ヨベル
〒 113-0033　東京都文京区本郷 4-1-1
TEL 03（3818）4851

印　刷　中央精版印刷株式会社

配給元　日本キリスト教書販売株式会社（**日キ販**）
〒 162 - 0814　東京都新宿区新小川町 9-1
振替 00130 - 3 - 60976　電話 03 - 3260 - 5670

　ISBN978-4-909871-02-2 C0016